自分の居場所を見つける50のヒント

仕事に行き詰まったとき、
自分の人生に悩んでいるときの処方箋

増田和芳 著

セルバ出版

はじめに

静岡県富士市。富士山の真南に位置する工業都市、私の故郷です。私は、富士市で人材育成コンサルティングとキャリア支援の事業を営む会社を立ち上げました。創業は令和元年5月1日。令和最初の日にスタートした会社で代表を務めています。

故郷での独立は1つの夢でした。その夢がかなうまでの道のりは長かったです。自己肯定感は低くて、不幸を引き寄せることの多かった人生でした。会社では普通に仕事をこなし、営業マネージャーは経験したものの、輝かしい実績を残したわけではありません。30代の頃から、独立を考えていた人生だったので、会社員を卒業しようという気持ちはもっていました。結局4つの会社を経験してから独立しました。

私がイキイキしていたのは、会社の外でセミナーを受講したり、自分で学びの場をつくったりしていたときでした。社外のネットワークづくりを楽しんでいて、当時つながった仲間は私にとっては今でも大切な人たちです。

会社の外の人と楽しむ時間を過ごしていると、会社員としての私は物足りない感覚がありました。それでも、私の業務を支援してくれる人たちを気遣い、顧客との関係は良好状態を保っていました。上司や先輩は苦手で折り合いの悪いときが多かったのですが、部下や後輩とは概ねよい関係を構築できていました。会社が大嫌いにならずに仕事を続けられたのは、よい関係を築けていた人たちがいたからです。

家庭は私にとって安心できる場所です。妻に支えられて、助けてもらって一歩一歩進んできました。独立を決断したときは、「よくぞ決断してくれた」と大喜びしてくれたのは今でも忘れないですね。妻は一緒に会社経営をして人生を歩む同志です。

会社、家庭、学校、会社以外の学びの場所、○○会などの業界団体、商工業者の集まり、地域の町内会、趣味のサークルなど……人生においては何かの活動をするための場所が存在します。長い人生、すべての場所を経験するとは限りません。

ただ、その場所にいて居心地がいいかどうかは人によって異なります。会社は面白いけど家庭にいるとストレスになる。会社以外の場所は居心地がいいけど、会社は辞めたいほど嫌な場所になっている。人間関係、求められる役割、場所での取り組み内容など、さまざまな要因が絡んでその場所に対しての気持ちは変化します。

居心地がいい居場所もあれば悪い居場所もあります。楽しく感じる居場所もあれば、もう逃げ出してしまいたい居場所もあります。私たちは、毎日さまざまな居場所を行き来しています。自らの選択で居場所を捨てるときもあります。

何の問題もなく過ごしていたのに、特殊な事情で居場所を失う危機に直面したときは厳しいです。会社でいえば、経営悪化によって倒産の事態に直面したときです。ほかにも、業績不振によるリストラ、突然の人事異動など、このまま仕事を続けられるのか不安な気持ちになる出来事です。会社の内部に懸念する問題が発生したときも、居場所を失う危機となります。人間関係の悪化、仕事での重大なミス、取引先とのトラブルなど、なんともないと思っていたことが突然大きな問題になり、会社に居づらくなってしまう事態に陥ってしまうこともあります。

プライベートでも居場所を失う危機に直面する可能性はあります。突然やってくる家族や友人との死別、パートナーとの離婚による人間関係の破綻など、自分の心が大きく乱れてしまうような事態になりかねないですね。

仕事で行き詰まってしまったらどうしますか？　人生に悩んですすめなくなってしまったらどうしますか？　１つの出来事がきっかけで、人生を台無しにするのは避けたいですね。

私は、人材育成コンサルタント、国家資格キャリアコンサルタント、産業カウンセラーとして、ビジネスパーソンを中心に、さまざまな居場所で活動する人たちの成長を支援し、ときには悩みを聴いて解決をサポートしてきました。

また、企業研修やセミナーを通してビジネススキル向上の方法を伝えるとともに、１人ひとりの話に耳を傾けて、現場での課題解決に力を尽くしてきました。延べ８００回以上の企業研修で登壇し、かかわったビジネスパーソンは計９、８００人以上です。「可能性を信じる」をミッションとして、自他ともに成長できる場づくりを推進してきました。

自律神経失調症を患って活動の場を失いかけた時期もありましたが、目の前の1つひとつの問題に向き合って乗り越え、今では幸せな人生を歩み続けていると自負しています。

試練は乗り越えられる人にやってくる、といいます。さまざまな危機は誰もが経験するといっても過言ではありません。危機に直面するとわかっているのであれば、乗り越える手立てを知って実践すれば大丈夫です。

本書では、仕事や人生で想定される危機を乗り越えて、自分の居場所を見つけるためのヒントを50通りにまとめました。すぐにできるものから時間をかけて取り組むものまで、さまざまな分野からアプローチする方法を揃えました。

第1章は、50通りのヒントを示す前に、突然ピンチが訪れる現代社会の特徴をまとめました。

第2章では「今までの人生のあり方、生き方に疑問や不安を生じたとき」に乗り越えるヒントをまとめました。ネガティブな気持ちが生じたときの対処法を考えます。

第3章は「今まで順調だった仕事が行き詰ったとき」です。突然、仕事での行き詰まってしまったときの対処法を紹介します。

第4章は「頼りにしている生活の糧・仕事を失ったとき」。収入が途絶える危機に陥ってから安定を得るまでの対処法について紹介します。

第5章は「頼りにしている大切な人・パートナーを失ったとき」。いつも頼りにしていた人がいなくなったときにショックから立ち直るための方法です。

第6章は「自分が拠り所としている立場を失ったとき」。組織内で築いた立場を失ったときの対処法です。

第7章は「思いがけず周りの人からの信頼を失ったとき」。一瞬にして相手からの信頼が失われる事態に陥ったときに、信頼を取り戻すための対処法をまとめました。

人には誰にも可能性があります。さまざまな危機に直面しても動揺せずに、自信をもって前に進んでほしいです。危機の内容に応じて対処する方法に悩んだときに眺めてみてください。居場所を失って人生の方向が見えなくならないうちに、解決のヒントを一緒に探りましょう。

２０２３年７月

増田　和芳

自分の居場所を見つける50のヒント
〜仕事に行き詰まったとき、自分の人生に悩んでいるときの処方箋　目次

第3章 今まで順調だった仕事が行き詰まったとき……行き詰まり打開のためのヒント

第6章　自分が拠り所としている立場を失ったとき……再起のためのヒント

第7章　思いがけず周りの人からの信頼を失ったとき
……信頼を取り戻すためのヒント

第1章　ピンチは突然やってくる

1　予測が困難な時代がやってきた

●不安をもたらす出来事は突然やってくる

私が営業部門のマネージャーを務めていたある日、部下から報告を受けました。

「増田さん、ちょっといいですか？　クレームです」

彼はクレームになるまでのいきさつを報告してきました。取引先からの依頼事項を対応し忘れていたそうです。他にも期限通りに守らない事案が複数発生していて、取引先担当者の上司がかなりお怒りのご様子で、これは大きな問題になるかもしれないと感じました。

部下からの報告を受ける前までは、今日は何事もなく一日が平和に過ぎると思っていたのですが、報告を境に、一気に不安な気持ちが大きくなって、仕事に手がつかなくなってしまったのです。

無事に1日が過ぎていくと思っていたのに、部下の一言によって突然大きな問題に直面してしまいました。まったく予期していないところから生じた出来事によって、心が乱され、不安でいっぱいになってしまいます。

さて、どのようにして解決すればいいのでしょうか？　ほかの仕事はまったく手につかなくなり、不安が大きくなってよくない事態に向かう妄想ばかりが膨らんでいきます。実際に、このときのクレームの対処には相当苦労しました。当時の私の上司も巻きこんで、ようやく事態は収拾できました。一方で、私は部下を信用できなくなり、マネジメントがうまくいかない時期が続きました。

世の中の状況を一変させる出来事は、突然、前触れもなくやってきます。社会を揺るがすような問題に発展し、不安で先の見えない日々が長期間続いてしまうこともあります。令和2年2月に日本で初めて確認された、新型コロナウイルス感染症の拡大。最初はあまり大きくニュースでもとり上げられていませんでした。多くの人たちにとっては関心の薄い出来事だったかもしれません。

ところが、あっという間に日本全土に新型コロナウイルス感染症は拡大し、4月には緊急事態宣言が発出されるほどの大きな問題に発展しました。外出制限、イベント中止など、気持ちが暗くなってしまうようなニュースが連日報道されました。増え続ける感染者数の発表を聞くたびに、ますます暗い気持ちになりました。

新型コロナの影響は広範囲にわたり、産業界に大きな影響が出ました。飲食業や観光業へのダメージは想像を絶するものでした。営業ができない飲食業店主の悲痛な叫び、観光客のいないホテルの支配人の絶望感など、マスコミやSNSなどを通して暗いニュースが拡散される日々でした。

●予測が困難なＶＵＣＡの時代

将来起こる出来事への予測がつかず、今までの発想では全く考えられないことが平気で起こる時代になりました。最近はＶＵＣＡ（ブーカ）の時代といわれています。ＶＵＣＡには、次の4つの意味が含まれています。

V（Volatility）変動性
U（Uncertainty）不確実性
C（Complexity）複雑性
A（Ambiguity）曖昧性

突然やってくる自然災害、地震、戦争などの出来事。発生予測ができないなかで起こってしまう問題ばかりで、直面すると不安な気持ちでいっぱいになります。心の準備をする時間はほとんどありません。人々を震撼させる凶悪な事件や事故も突然起こります。ニュースを見ていると、私たちの生活に決して無関係なものとは言い切れません。

出来事に直面したときは、すぐに体が反応しません。平成23年3月11日に発生した東日本大震災のときを思い出してみてください。落下物から身を守るために、机の下に隠れるなどの行動ができた人はどのくらいいたのでしょうか？　防災訓練で対応方法を教わっていても、立ち尽くしてしまった人がいたはずです。

突然やってくる出来事に備えるために、防災や防犯などの対策をしておくしかありません。防災や防犯の訓練は、多くの自治体や地域、事業所などで実施しています。とっさに反応できるようにしておくためには必要な取り組みです。

ITや科学技術の発展によって、天災、事件、事故から人々の命を守るための研究は進んでいます。VUCAの時代に対応するための仕組みもさまざまな分野で確立されてきています。有識者の方々を中心に、地震の発生や天気の急変を予測するシステムの開発など、今まで私たちが培った経験をもとに新しい取り組みが進んでいます。ただ、どんなに予測にかかわる技術の進歩が進んだとしても、想定を超える出来事はいつどこで発生するのか、まったくわかりません。

深刻なダメージを受けて、修復不可能な状況に陥ってしまったときにはどう対処すればいいのでしょうか？　無関係だと思わずに、何らかの対策を考える時間はつくっておきましょう。

2　仕事を取り巻く環境は変化する

●１つの出来事がもたらす影響

仕事を取り巻く環境に目を向けてみます。企業が属する業界の変化や、業界を取り巻く社会の変化はどうなっているのでしょうか？　日本国内だけでなく世界に目を向けて考える必要がありま す。

世界全体に影響を及ぼす出来事によって、産業界にも少なからず影響が及びます。

たとえば、世界的な物価高の問題です。原材料価格の高騰によって、ものづくりの現場では製造にかかわるコストがかさむ一方です。原材料の購入費用が膨らみます。燃料を使用する現場では、原油価格の高騰で設備を稼働し続けるのが難しくなり、生産活動に影響が出てしまいます。

大手メーカーなどの取引先から大口の注文を受注しても、手放しで喜べる状況ではありません。

さらなるコストダウンを要求されるために、今までと同じやり方で製造できるとは限りません。高品質のものを製造すれば費用がかかってしまいます。どこかの製造工程で費用を抑える必要があり、品質の低下になりかねません。納期遅れにつながるリスクも高まります。製造現場のQ（品質）、C（コスト）、D（納期）に影響が出てしまい、経営状態が悪化してしまいます。

物価高は家計にも影響を及ぼします。日用品や食料品の値上げが続けば生活費がかさむため、切り詰めて生活するのを余儀なくされます。国から企業へ賃上げを求める声が出てきましたが、企業の経営が苦しいと賃上げは難しくなります。経営努力で賃上げを実現した企業もありますが、すべての企業でできるものではありません。

令和5年になって、新型コロナウイルスの流行は少し落ち着き始めました。今まで実施していたテレワークをとりやめる企業が出てきています。職場のメンバーと、同じ事務所内で顔を突き合わせて仕事をする機会は減っていましたが、再び出勤してコミュニケーションをとりながら仕事をする時間が増えました。コロナ拡大が落ち着いてから職場での働き方が変化しています。

入社以来、ずっとテレワークで仕事をしてきた社員にとっては、自身の周りに人が増えて、仕事に馴染めない環境に直面しています。コミュニケーションをとるのが苦手な社員には苦痛でしょう。仕事のペースが乱されてしまい、うつ症状などで苦しむ人も出てきています。職場での仕事のやり方の変化に対応できなくなって苦しんでしまっているのです。

コロナ拡大の時期に営業ができなくなっていた事業所のなかには、再びコロナ拡大前の状況に戻って多忙を極めるところが出てきました。人手不足の問題が表面化し、働いている人たちが疲弊している様子も見られます。逆に、コロナ拡大時期に人手不足で多忙を極めた業界があります。医療の現場では、少数の医師や看護師で病院の運営を行わざるをえなくなり、全く休む暇もなく働き続ける人たちの様子が見られました。

世界的に起こった1つの出来事の影響で、職場内の状況は激しく変化します。変化についていけずに心身の調子を崩してしまう人も出てきています。

●定期的に起こる出来事の影響

社会を揺るがす出来事だけでなく、定期的に起こる出来事にも対応できなければ調子を崩してしまうこともあります。たとえば、職場での人事異動です。異動によって、部署や一緒に働く人たちが変わります。勤務地や担当業務内容が変わる場合もあります。異動先に馴染めない、一緒に働く人と考え方が合わない、業務内容に慣れないなど、苦しい思いをしてしまう人もいます。企業内などの身近な場所で起こる変化でも調子を崩してしまう人はいます。

近年は、職場で生じたコミュニケーションにかかわる問題がハラスメントにつながる点も指摘されています。職場の人間関係での悩みが大きくなってしまうのです。他人とのかかわりから生じた問題に対して対処する方法を考えなければならない状況に陥ってしまうのです。

人事異動は、事業の拡大や縮小に伴って実施することもあります。拡大方針のもとでは、大量に人が増えて落ち着かなくなります。縮小方針をとれば、企業の早期退職制度などを利用して希望退職者が大幅に増えることがあります。

自らの意思で退職する以外にも、いわゆるリストラの一環で、会社の命令によって辞めざるをえない場合もあります。リストラによる人員削減をおこなうと、職場の雰囲気が急激に悪化するのが懸念されます。次は誰が辞めさせられるのか、などのうわさが先行して、周囲の社員を信頼できずに疑心暗鬼になってしまう人が出てくるかもしれません。

職場で起こる出来事の影響で人の気持ちが大いに乱れてしまうのです。勤務先の経営方針には関心を寄せる必要があります。仕事を取り巻く環境の変化によって、定期的に起こる出来事からもさまざまな影響を及ぼす必要があると理解しておきましょう。

3　人生に訪れる危機

●リスクにさらされて生きている

社会を揺るがす出来事や、職場での出来事について触れました。未だに起こっていない出来事などは予測がつかないＶＵＣＡの時代。私たちは多くのリスクにさらされながら生き抜いているといえます。

企業活動を例にとって考えてみましょう。たとえば、自然災害発生のリスクです。地震や台風、大雨による被害にかかわるものです。企業の保有する資産や設備、システムなどにどのような影響が及ぶのか想像がつきません。経済活動がストップしてしまう可能性があります。

コンプライアンスリスクは、法令を守らなかったときに刑事罰や行政処分を受けたり、多額の損害賠償を支払ったりして、社会的な信用を失う事態につながります。企業としてさまざまな法令に反しないように取り組む必要があります。

情報セキュリティーにかかわるリスクが顕在化すると深刻です。保管してあった個人情報やパスワードの紛失、ウイルス感染などによって、多額の損失を被る危険性があります。

従業員に目を向けると、健康にかかわるものとして長時間労働によるうつ病や過労死発生のリスク、作業や工事中のケガや病気のリスク、運送業務中の事故のリスクなどもあります。

日常生活全体でみると、投資にかかわる損失のリスク、感染症の発症リスク、家計の赤字化による生活破綻のリスク、家族の病気や事故のリスク、天災のリスクを始めとして、多数のリスクにさらされています。リスクから人生を守るために、生命保険や損害保険、医療保険をはじめ、多くの保険に加入して備えておくのも納得できます。保険に加入していると、対象となる保険事故が発生したときに金銭面などで損害を補填できます。安心した人生を過ごすために必要な手段といえますね。

人生はさまざまなリスクにさらされていて、突然、危機となる状況に直面します。常に安全で何の危機にも直面せずに過ごせた人は少ないでしょう。今までの人生で失いかけたものはどのくらいありますか？　命、生活の糧、仕事、友人、家族、お金など、気づいたときにはすべてを失う寸前だった……その危機に直面していたときは、言葉にならないほどの恐怖や不安を感じていたでしょう。危機を無事に乗り越えてから振り返ってみると、なんと恐ろしい経験をしてきたのかと思うこともあるでしょう。

●人生の半ばに訪れる中年の危機

40歳前後は、心理学上の言葉で「中年の危機」を迎えます。不安障害、うつ病などにかかりやすくなったり、生活習慣病を患ったり、生活費や教育費などがかさんで経済状態に不安を抱えたり、親の介護問題に直面したり……人生において、さまざまなリスクが顕在化して問題に直面しやすい世代です。多くの危機が現実のものと辛い思いをしてしまいます。危機に対処するために、体力の限界を超えて無理をしてしまうと、急に命を落とす事態になりかねません。

会社では管理職に昇格してさまざまな責任を負う世代です。役員になって経営を担う立場の人もいます。企業業績や組織運営、部下育成など、多くの責任を背負って仕事をしています。周囲の部下たちは、楽しく仕事をしているとは思えない上司の表情を見ていると、「上司みたいになりたくない」と思ってしまいます。実際に企業研修のグループワークの場で、「○○部長や課長のようになりたくない」と意見を述べていた人もいます。

企業内での立場が変化して自分から危機を引き寄せてしまうのであれば、辞めて起業する道を選ぼうとする人もいます。ところが、立ち上げた事業が簡単に軌道に乗る可能性はごくわずかです。生活困難に陥ってしまう危機を自ら選んでしまうなんてことも……私は43歳で起業しました。起業当初は売上を確保できずに苦労しました。あっという間に経営が厳しくなって、預金残高は1，500円程度まで落ちこみ、廃業を覚悟しました。資金を確保するために、当時加入していた生命保険契約を解約したり、新たな融資を受けたりしました。徐々に仕事が増えてきて危機は乗り越えましたが、廃業寸前に陥ったときは、不安で眠れない日々が続いたものです。

一方で、借り入れたお金の返済を銀行に待ってもらうと、支払う利息がかさんできて残高が減りません。入ってくるお金もないと早々に破産や倒産の危機に陥ってしまいます。

中年の危機に起こるような、人生の半ばに訪れる危機はあらゆるところからやってきます。危機に怯えていては何もできないので対応するための方法を考えて行動する必要があります。もともと人間の生存本能は高いといわれているため、簡単に屈する人ばかりではありません。危機に直面しても、過去に身につけた生きるための知恵を活用すれば危機を乗り越えていけます。インプットし続けてきた無数の知識を総動員して、生き抜くための知恵を編み出していくのです。

かつての偉人のように、武力を用いて戦い、領土を獲得して生き残る弱肉強食の時代ではありません。ただ、さまざまな危機を乗り越えて人生を充実させていくのは、戦いに明け暮れたかつての歴史上の偉人たちの生き方を反映しているように思います。

4　悩みを抱え続けると……

●我慢の限界に達するとどうなるか？

悩みを抱えたまま我慢し続けていると、心身に異常をきたします。悩みの蓄積によって生じた過度なストレスによって耐えられなくなってしまいます。頭痛、腹痛、耳鳴り、鼻水、倦怠感など体のさまざまな箇所に症状が出ます。体のどこかがおかしいと思って、かかりつけの病院で診てもらっても、原因がわからないとの診断を受けてしまいます。やがて不安が増幅して何も気力が出なくなってしまいます。

気力の低下に留まらず、なかには自死を選択する人もいます。厚生労働省や警察庁の統計資料「令和4年中における自殺の状況」によれば、自殺者の数は増加傾向にあり、特に40歳代以上の方の自殺者が全体的に増えています（図表1）。

私は会社員のときに、仕事で不安、辛いと感じた気持ちを抱えたまま働き続けていました。ある日、我慢の限界に達したときには体が思うように動かなくなってしまいました。立ち上がろうとしても気力がなくなって、床に寝転んでしまったのです。限界に達する数週間前から耳鳴りがひどくなって、音が聴き取りにくい状態になりました。耳鼻科で診てもらっても特におかしなところはないとのことだったので、会社を休まずに働き続けました。耳鳴りは治まらず、十分に熟睡できなく

【図表1　年齢階級別自殺者数の年次推移】

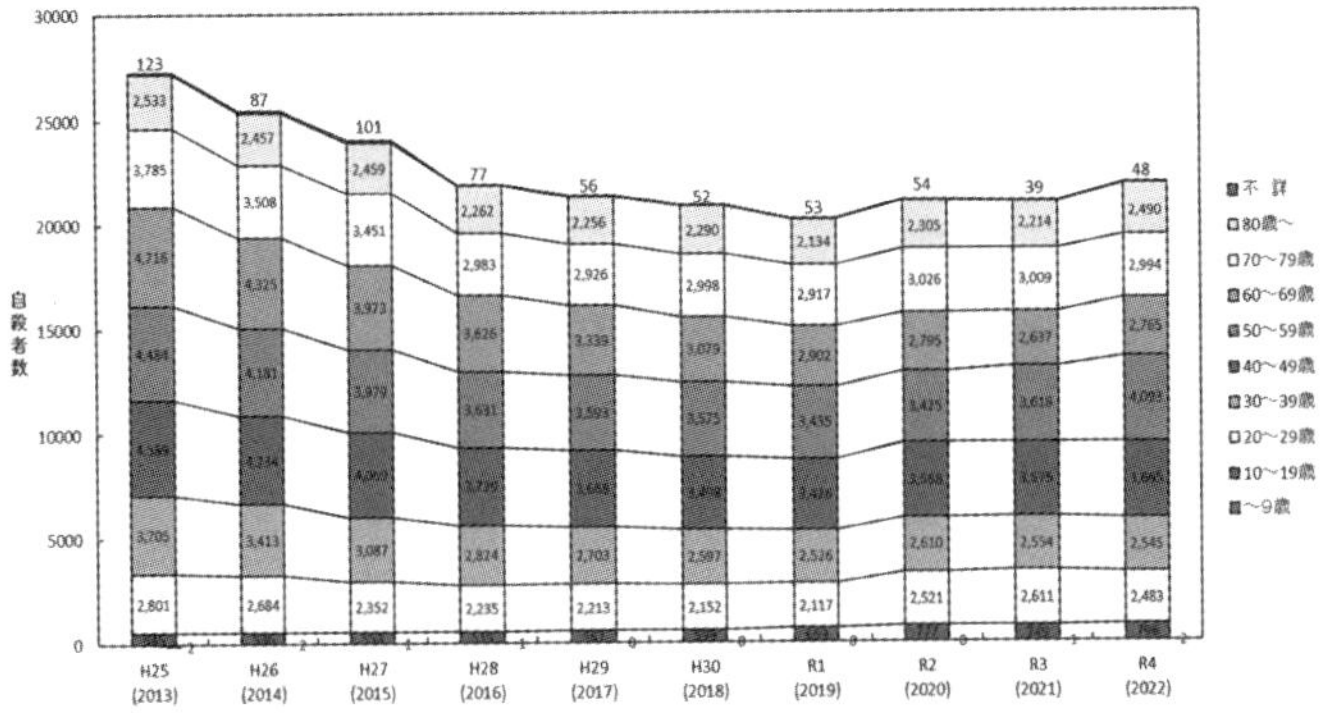

資料：警察庁自殺統計原票データより厚生労働省作成

なってしまいました。「まだ大丈夫、会社には行ける」と思って見過ごしていました。

体の異変に気づいたときに無理をしてはいけません。危険な兆候だと思って休むなどの対応をとりましょう。心療内科医などの専門医を受診して早めに手を打つべきです。

仕事や生活でがんばり続けていると、どうしても悩みは出てきます。現状に満足しないでもっとよくなるためにはどうすればいいのか？　悩まないでもっと楽しく人生を送りたいなど、現状よりもよい方向を目指そうとする欲求が出てくるでしょう。

●欲求を満たして悩みを解決する

心理学者のマズローが提唱した「欲求五段階説」では、人の欲求をピラミッド状に5つの段階に分けたものです（図表2）。低い部分の欲求が満たされると、より高い部分の欲求を満たそうとして成長するとの考えを示しまし

【図表2　マズローの欲求5段階】

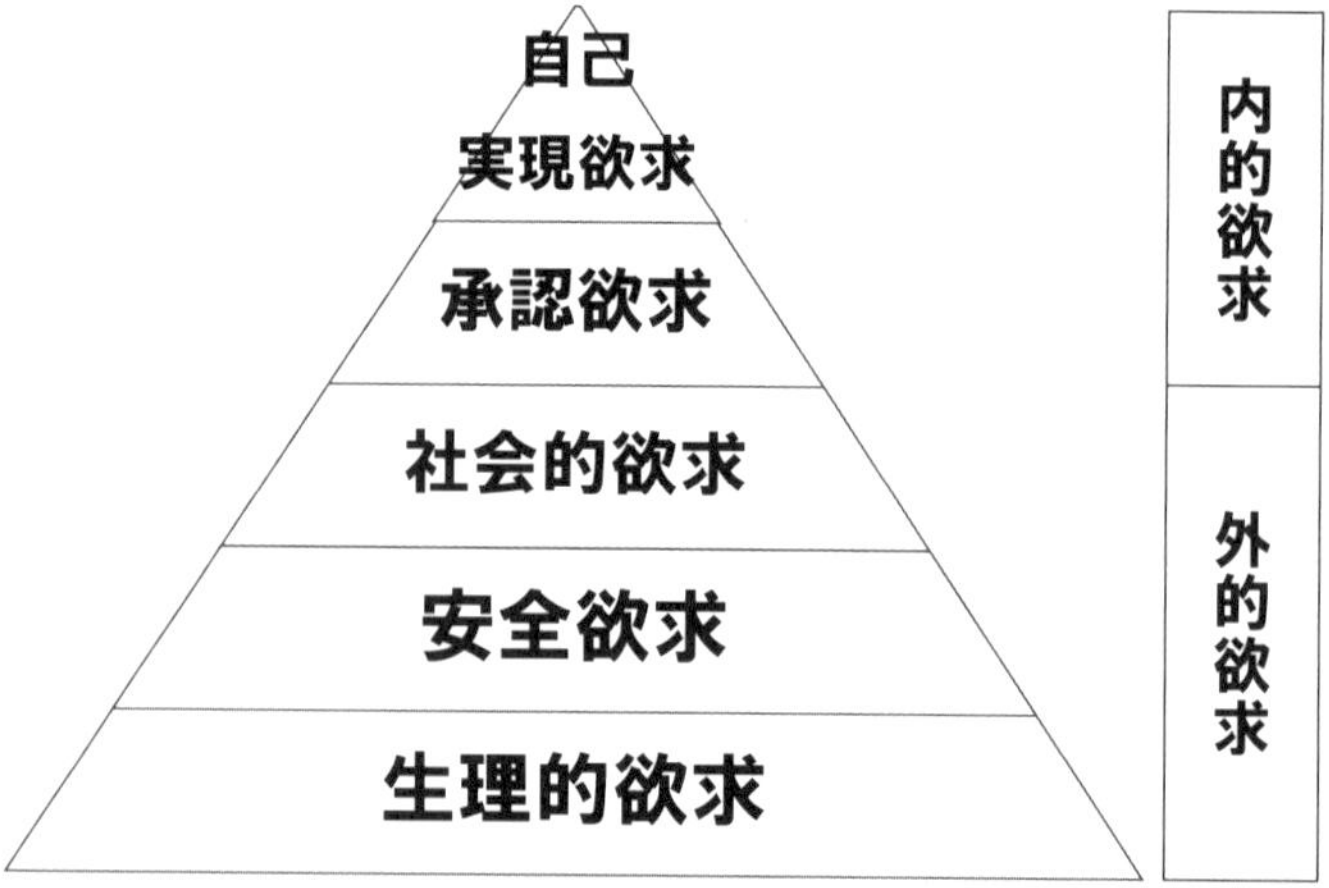

た。

低い部分は、最も下層に当たる第1段階の、生きるために必要な行動をしたい欲求（生理的欲求）、第2段階の安全に暮らしたい欲求（安全欲求）、真ん中に該当する第3段階の社会や集団に受け入れられたい欲求（社会的欲求）、以上の3つで構成されます。外部の環境面から満たされたい欲求で、外的欲求とも呼ばれます。

高い部分は、上から2番目に高い層に当たる第4段階の他者から認められたい欲求（承認欲求）、最上層の第5段階の自分にとって満足できる人生を送りたい欲求（自己実現欲求）の2つで構成されます。自分の内面から満たされたい欲求で、内的欲求とも呼ばれます。

なお、マズローは最上層の自己実現欲求の上に、自身のエゴを超えたレベルの欲求（自己超越の欲求）が存在すると提唱しています。

どの段階の欲求を満たすのかによって、人の行動は変わってきます。３つの低い部分の欲求を満たすためには、必死になってなりふり構わず活動し続けます。生きるために満たそうとする欲求です。２つの高い部分の欲求を満たすためには、理想の人生を送るための活動を追求していきます。

抱えている悩みの内容は満たされたい欲求とつながっていませんか？　欲求が強くなりすぎてしまうと、かえってプレッシャーになって心に重くのしかかります。低い部分の欲求が満たされていないのに、高い部分の欲求を満たそうとすると、生活や安全、所属にかかわる悩みが解消されずにズルズルと時間を浪費してしまいます。低い部分の欲求を満たして生存、生活の基盤を固めたうえで、高い部分の欲求を満たすための行動をしなければ、悩みから生じるプレッシャーに押しつぶされてしまいます。

仏教では、人間の心を苦しめる悩みや欲望などから成る煩悩は１０８個あるといわれています。煩悩自体はなくせないものですが、煩悩があっても人間は幸せになるといわれています。１つの悩みを抱えてしまったと思って絶望的にならなくても大丈夫です。

悩みから解放されたいために人生をあきらめてしまっては、あらゆる可能性を自分で閉ざしてしまう結果になります。

悩みはなぜ生じたのでしょうか？　背景にどのような欲求があったのか確かめてみてください。悩みすぎて心身のバランスを崩してしまう前に、自身の状態を見つめ直す時間をとってみませんか？

5　居場所を見つけるためにできること

●さまざまな居場所

私たちは、人生でさまざまな居場所にかかわります。生活するための居場所、働くための居場所、学ぶための居場所、楽しく遊ぶための居場所など、無数に存在します。しかし、居場所は永久に存在し続けるものではありません。

社会の変化が激しい時代には、一瞬で居場所がなくなるリスクがあります。喪失してしまう居場所もあります。また、さまざまな選択の結果で1つの居場所から離れるときもあります。すすんで離れる選択をする場合もあれば、離れる選択をせざるを得ない状況になる場合もあります。

現代は「人生100年時代」と呼ばれています。人間の平均寿命が延びて高齢化が進んでいる社会です。長い人生のなかで、私たちは実に多くの居場所で過ごす経験をします。たとえば、学校を卒業して就職すると、会社という居場所を見つけます。1つの居場所で定年退職するまで過ごせるのが理想だった時代がありましたが、今は1つの居場所に止まらず、自己実現を求めて他の居場所に移るのが一般的になりました。転職で働くための居場所は変わります。自分のやりたいことを実現するために、同じ想いを抱いた仲間と、会社や団体などの居場所を新しく立ち上げる人もいます。

生活の基盤となる家庭は、ずっと同じ場所とは限りません。結婚や独立、家族との離別などのライフイベントで居場所が変わる人がいます。家庭環境の面で安全な居場所もあれば、命の危険にさらされそうな危険な居場所もあります。天災や事件などの出来事が起こり、自身の意思にかかわらず失われる居場所も出てきます。

地域での居場所はどうでしょうか？　地域によっては、町内会や自治会、商店会、マンション管理組合などの居場所で活動している人たちがいます。居住する地域をさらによくしたいとの想いを抱いた人たちが集まり、行政に依存せずに民間の力で主導して行動する人たちです。発足当初こそ少人数でスタートした場所は、想いに共感した人たちが集まってきて、多くの人たちから成る居場所に変化します。人の出入りはあるものの、最初に骨格をつくった人が中心になって居場所は存在し続けます。ただ、時代の変化によって存在する意義を失った居場所は、消えてなくなってしまいます。

●居場所を見つけるヒント

もし今の居場所がなくなってしまったらどうしますか？　すぐに次の居場所を探して移動できますか？　人生は山あり谷あり、どの居場所にいるのかわからなくなるときもあります。路頭に迷ってしまい、どこに行けばいいのか想像もつかない事態に陥ってしまうかもしれません。

居場所自体はあったとしても、自分自身の気持ちが満たされていない状況になったとしたらどうでしょうか？　周りを見たら自分以外は信用できない人たちばかり。いわば敵だらけの状況です。敵を倒してサバイバルゲームを勝ち抜ける自信があれば大丈夫ですが、どの居場所でも自信に満ちて常に活動できるとは限りません。サバイバルゲームに勝ち抜ける保証はないのです。

たとえば、会社のなかで知名度が高まってくると、妬みや恨みをもった人が一定数現れます。存在自体をうっとうしいと感じて排除しようと争いを仕掛けてくるかもしれません。争いに負けてしまえば、あっけなく居場所を追われてしまいます。仕事ができるといわれている人でも、いつ居場所を失うかわからないのです。会社を揺るがす大きなトラブルに巻きこまれれば、敵の意向によって責任をなすりつけられて居場所を失うこともあります。

私たちは、人生100年時代、希望通りの人生を送るため、先行きが不透明でも必死になって毎日を生きています。仕事を続けて生計を維持し、大切な人たちと過ごしています。平和で幸せな日々を過ごしていても、思いもかけない理由で一転して大きなピンチになってしまうこともあります。それでも、今までの人生で培った知恵をフル活用し、ふりかかってくる問題を1つひとつ解決しながらピンチを乗り越えてさらに充実した人生を夢見て進んでいきます。未来に対して不安ではなく希望をもって歩んでいくのです。

未来を希望で満たすために、居場所を失うピンチを乗り越えるための解決策を共に考えていきましょう。第2章以降では、さまざまなピンチに遭遇した際に解決するための50個のヒントを示します。

第2章　今までの自分の人生のあり方・生き方に疑問と不安が芽生えたとき～人生再構築のためのヒント～

1　疑問や不安を受け止める

●毎週月曜日の会議の憂うつ

人生において疑問や不安を抱える瞬間は多くあります。明日のやるべきことがまったくわからないときや未経験の出来事に遭遇したとき、大きな災害のニュースを目にしたときなどです。日々何事もなく順調に過ごしていても、このままで大丈夫なのかと思って疑問や不安を抱いてしまいます。

疑問や不安はなぜ生じるのでしょうか？　人間が生き抜いてきた歴史に原因があるといわれています。特に不安な気持ちについては、危険な出来事にいち早く気づける力を発達させて、遺伝によって受け継がれ進化をしてきたことが影響しているそうです。

また、人は物事を悲観的にとらえる、先の見えないものへの不安や恐怖をもつなど、人の行動特性から見てもさまざまな理由が考えられます。疑問や不安が自力ですぐに解消できるものであればいいのですが、いつまでも続くとなると、心身に悪い影響を及ぼす可能性が出てきます。

私が会社員だったころの話です。日曜日の夕方から不安な気持ちが生じ始めます。寝るときにはいったん収まるのですが、月曜日の朝に起きた瞬間から不安な気持ちでいっぱいになります。朝食を食べても味を感じません。当時は毎週月曜日の朝に営業会議があって、営業成績がよくないと上司から厳しく叱責を受けるのが通例でした。仮によいときでもなぜか同じように叱責を受けていました。会議は次のようなやりとりで進みます。

上司　　「今月の目標にあと500万円足りないぞ。どうするつもりなの？」

先輩社員「申し訳ございません。なんとかします」

上司　　「なんとかしますじゃないだろ！　死にものぐるいでやれよ！　いいな！　ところで、増田！　○○社は訪問したのか？」

私　　　「すいません。時間がなくてまだ訪問できていません」

上司　　「お前はいったい何をやっているんだ！　数字がいいからといって調子に乗るなよ！」

成績がよくても叱責されてしまうのです。今日は会議でどのような叱責を受けるのか、不安でたまらなかったのです。上司に対して叱らないでほしいと伝えても、受け入れてくれるはずがありません。私自身で何とか対処するしかなかったのです。さぼるわけにもいきませんし、我慢すればすぐに終わると思いながら耐えていました。

他人は変えられませんが、自分でなんとか変える方法はあるはずです。では、どのように対処すればいいのでしょうか？

●受け容れるのではなく受け止める

私が毎週月曜日の会議で不安になっていたのは、上司から叱責される状態を想像していたからです。まだ現実に叱責されていない状態なのに不安な気持ちになっていました。叱責を受ける不安が大きくなるように、すぐれた想像力を膨らませていたのです。

見方を変えてみましょう。そもそも不安に思っている事柄はまだ現実になっていないのです。何も起こっていない事柄に対して不安を抱いても時間を浪費するだけです。目の前の事実だけをとらえるように努めるのです。

先ほどの会議の例で、実際に厳しく叱責されたときはどうすればいいのでしょうか？ いつも叱責されるものだと、あらかじめ心構えをしておけば精神的な動揺は防げたかもしれません。叱責を受けても自分自身を過度に責める必要はないのです。

なかには、受け容れ難い理由で叱責されるときがあるかもしれません。上司と話し合って妥結点を見出せる余地があればいいのですが、難しいのであれば、上司の言葉自体は受け止めておきます。叱責する上司の表情や態度ではなく、上司の発する言葉を1つの意見として受け止めましょう。

叱責を受けて「たしかに自分に責任がある、改善しなければならない」と感じたときは、上司の指示内容を受け容れます。責任をもって指示内容に沿って行動しましょう。

疑問や不安を抱いても、実際にはたいしたことがなかったと思う場合もあります。今までの経験に基づいて、目の前の状況や相手の言葉に対してさまざまな解釈を加えます。「一般的には○○だ」のように解釈して、不安な気持ちを増幅させてしまうのです。1つひとつの事実を正確に把握して、無用な解釈はやめましょう。

事実を正確に把握するとは、「私は○○について不安だ」「○○についての疑問をもっている」のように、自身の心の状態を捉えることを意味します。自分自身と距離をとって、まるで自分自身の姿を遠くから見つめるようにして捉えてみましょう。もし疑問や不安の内容を深く想像し始めたと気づいたときに、想像力を発揮して不安の渦に巻きこまれてしまわないうちに、すぐに想像するのを止めてください。

疑問や不安は誰もが思う感情なので完全にゼロにするのは困難です。気づいたらすぐにストップをかけてください。

2　ネットやスマホから離れる

●スマホが手放せない時代に

現代はネットやスマホで情報を容易に収集できる社会です。集めた情報がネガティブな内容ばかりだと、疑問や不安がどんどん大きく膨らんでしまいます。ネット上ではどうしてもネガティブな情報が大量に出回るときもあり、それらの情報を目にして心身の悪化を引き起こす可能性が高まります。気持ちが乱れる前に、ネットやスマホを使用して情報に触れるのを避ける必要があります。

私は東京に在住していたころは電車を使い、約1時間かけて通勤していました。今から15年以上前は、電車内で本を読んでいる方や音楽を聞いている方が多かったように思います。最近はほとんどの人がスマホを見ています。ＳＮＳへの投稿や閲覧、ゲーム、ネットサーフィン、音楽を聞く、動画を見るなど、スマホを使ってできることが増えました。液晶の小さな画面を見ながら、必死に何か文字を打ちこんでいる人もいます。スマホが手放せない時代になったのを実感します。財布と同じようにスマホも貴重品の一つとして位置づけられ、どこかに忘れたり落としたりすると、気持ちが動揺してしまいます。

喫茶店に入ると、スマホやタブレット、ノートパソコンを使い、イヤホンをして誰かと話している人の姿を見かけます。テレワークが浸透して、事務所以外の場所で仕事をする人が増えました。WEB会議なのか商談なのか詳しくはわかりませんが、使用している端末の画面を見ながら誰かと話しています。Zoomなどの会議ツールを使用しているのでしょうか？　どこでも簡単に他の人とつながる時代になって便利になりました。

一方で、つながりやすくなったために、予期しない出来事に直面する可能性が高まりました。目にしたくない情報に触れてしまい、気持ちが動揺してしまう事態に陥ります。便利である反面、危険とも隣り合わせの状態です。

新型コロナウイルス感染症が拡大したころは、多くのネガティブな情報が拡散しました。飲食業や観光業の経営不振、コロナの重症化で苦しむ人たち、日々増え続ける感染者数の発表など、目にするだけで気持ちが落ちこんでしまう情報が多かったです。次から次へ明らかになる情報を見て、終わりの見えない出来事に対する不安が大きくなるばかりでした。ネガティブな情報ばかりを目にして脳が疲労してしまい、睡眠障害やうつ病を発症する方も増えているようです。

●ネットやスマホ依存を防ぐ

ネットやスマホは便利ですが、どこかで断ち切る時間をとらなければ時間を忘れてのめりこんでしまいます。本来やるべきことを疎かにしてまでやり続けるものではありません。不安を煽る情報に触れてしまうリスクが高まり、心身にも悪い影響が出てしまいます。

近年はスマホがないと生きていけない、依存症のような症状を発する人が増えています。常にスマホを手にしていて、画面を見て操作していないと落ち着かなくて、スマホの使用を止められなくなる症状です。

日常生活でスマホを使用する時間帯が増えています。お店の買い物での会員証提示や決済、旅行や飲食店の予約などでスマホを使い、今まで使用していた紙の会員証やスタンプカードは持ち歩かなくなりました。支払いは現金を使用せずに、バーコード決済方式でスマホを使用します。スマホ依存症になる環境ができあがっているといえます。

スマホ依存状態になってしまわないためには、1日のうち、どの時間帯でネットやスマホを使うのかを決めるなど、のめりこまないための時間管理が必要です。最近は、意識してネットやスマホを絶つ時間帯をつくる人が増えています。ネットやスマホから離れて外の景色や空の青さを味わってください。

不安を煽るような情報に触れたくないのであれば、スマホを必要以上に使用しないようにするしかありません。スマホに届く通知を止めてしまう、使用しないアプリは削除する、ＳＮＳのアプリはスマホにダウンロードしないなど、強制的にスマホを使わない環境に設定します。不安な気持ちを引き起こさないためにも、ネットやスマホから離れる生活を考えましょう。

3　先人たちの言葉に触れる

●師との出会い

悩みや不安を抱いたときに、誰かの言葉で救われる気持ちになることはありませんか？　ふだんは気づかない言葉で気持ちが救われるときがあります。家族や知人などの身近な人たちの言葉に助けられるだけでなく、私たちよりも先の時代を生きてきた人生の先輩たちの言葉に触れて、不安な気持ちから解放されます。

私が自律神経失調症で休職していたころは、日中ほとんどやることがなく家でごろごろしている時期がありました。まったく何もやる気がおこりませんでした。視界に入るところには本棚がありましたが、自ら本を手に取って読む気持ちにはなりませんでした。

ある日、近くのターミナル駅のビルにある書店で、心理カウンセラーの心屋仁之助さんの本が目に留まりました。「一生お金に困らない生き方」（ＰＨＰ文庫）という本です。〝がんばるのをやめる〟。この本に書かれていたこの言葉が印象に残りました。仕事でがんばってきたのに、休職して収入が減ってしまい、これからどうやって過ごすのか？　不安でいっぱいだった私の気持ちが軽くなりました。妻を不安にさせないために自分だけががんばろうとしていたのに気づいたのです。著者の心屋さんの言葉に触れたおかげです。

人生で大切な習慣をまとめた「7つの習慣」（キングベアー出版）は、何度も読み返すだけの価値がある本です。どのタイミングで読んでも気づきがあります。数年前は、自己の成功に向けた内容を中心に読みましたが、最近は公的成功に向けて、相互依存の考え方を中心に理解を深めています。同じ書を読んでいても、気づくポイントは時期によって異なります。

また、師と仰ぐ人からの言葉も心に響きます。私は、「ぐんぐんと部下が育つリーダーの55の成功習慣」「楽習チームビルディング」（いずれもセルバ出版）等の著者で、一般社団法人日本褒め言葉カード協会代表理事の藤咲徳朗（ふじさくとくろう）先生から学んでいます。藤咲先生のお話のなかで、「人を見るときには欠点ではなく、よいところを見る」の話が心に刻まれています。

長年コンサルティング業界で働いてきた私は、顧客の課題解決に注力していたために、顧客の足りない部分に着目し続けてきました。顧客の欠点を見るのが習慣化していたのです。もとをたどれば、自分の欠点ばかりに着目していたため、よいところを見ずに自信をなくしていました。不安な気持ちでいっぱいになり、心も体もカチコチになっていました。

藤咲先生からの教えを受けてからは、人のよいところに着目するようになり、企業研修でも、できるだけ受講者のよい点を認める言葉をかけるようにしました。心が穏やかになって笑顔が出やすくなりました。師と仰ぐ藤咲先生との出会いが、不安でいっぱいだった人生を変えるきっかけになったと感じます。

●言葉を記憶しておくために

人生を変えるほどの師に出会う機会は、意図的につくれるとは限りません。先人たちの言葉をおびただしい数の書籍のなかから選ぶのも容易ではないでしょう。先述の「7つの習慣」以外にも、先人たちが残した言葉は多くあります。月刊「致知」に掲載された内容を編纂して出版された「1日1話、読めば心が熱くなる365人の仕事の教科書」と「1日1話、読めば心が熱くなる365人の生き方の教科書」(いずれも致知出版社)は、まさにタイトル通り、読んでいて心が熱くなるような内容です。体全体に沁みこむように言葉が入ってきて何度も読み返しています。生き方自体は簡単にはまねできない内容ばかりですが、不安な気持ちを取り払ってくれるだけの価値のあるものばかりです。

先人たちから教わった言葉は、手帳やノートに書きとめておくのがおすすめです。自分の字で書いて残しておきましょう。私は、毎日の予定を書く欄のメモスペースに、他人から言われてうれしかった言葉を書き留めています。元気の出るような激励をいただくと生きるエネルギーになります。

手帳やノートに書くページを決めて、そのページに好きなように書いておきましょう。開くたびに目に入ってくるページがおすすめです。言葉に励まされて1日をスタートできると不安な気持ちを拭うだけの効果があります。

また、家のなかでいつも目にする場所に貼っておくのも有効です。おすすめの場所はトイレのとびらの内側です。必ず目にする場所ですよね。いつも目に入ってくる言葉は頭のなかで長期的な記憶としてとどまり、生きる言動力となる可能性を秘めています。

先人たちの言葉は、自分自身の置かれている状態によって響くタイミングが異なります。言葉を目にして心が動いた瞬間を捉えて、忘れずに記憶できる工夫をするのがおすすめです。

4　文章を書く

●ブログに書く

不安に思っていることを心の奥底にすべてしまっておく必要はありません。他の人たちに伝えたいことは、文章に書いて伝える機会をつくりましょう。取り組みやすい方法を考えて実行してください。

近年は、ブログやSNSを用いて書く方法が確立しました。自分の頭のなかだけにしまってあるものを言語化してみると気持ちがすっきりします。ブログやSNSで文章にして発信するときは、テーマや内容を固めてからできるだけ多くの人たちに読んでもらえるように告知します。

たとえば、名刺やホームページなどにブログのURLを挿入して、他の人たちに読まれるような仕掛けをつくります。名刺やホームページに、検索窓の画像をキーワードとなる言葉と一緒に貼り付ける方法は、目立つので覚えてもらいやすいですね。

ブログに書くときは、多くの人に読んでもらいたいからといって力まずに、気楽に書いてみましょう。力んでしまうと、書く内容が浮かばなくなってしまいます。目の前の大切な人の1人に届けたいという気持ちで書くのがおすすめです。

書いた文章をブログにアップした後、読者からのリアクションがあるとうれしいです。肯定的なリアクションが多く、書き続けたくなる気持ちにさせてくれます。「いいね」、「ハートマーク」などのリアクションは、相手を応援する証となるものであり、もらえるとうれしい気持ちになります。ただ、なかには否定的なコメントを書く人もいます。読むと気持ちが沈んでしまいますが、過剰に反応せずに1つの意見として真摯に受け止めておきましょう。

肯定的なリアクションがあると、文章を書く自信がついてきます。書きたい気持ちがますます強くなってきます。書くのを一回きりで終わらせる必要はなく、継続して自身の考えや想いを書いていきましょう。継続できている自分自身に対して、承認や労いの言葉をかけてあげてください。「いいね」「よくやったね」「おつかれさま」など、心のなかで労ってください。

●書いた文章を活かす

他の人に読んでもらいたいものがある一方で、読んでもらいたくないものも当然あります。心のなかにある不安な気持ちを吐き出した内容です。不安な気持ちですから、そもそも言語化して他人に示すようなものではないのかもしれません。心のなかに閉まったままでは、不安に堪えられなくなってしまいます。他の人には見られない方法で、自分の想いを吐き出す場をつくってみてください。

実際に知人がやっていた方法として、ＳＮＳを使い、公開範囲を「自分のみ」に設定した場をつくります。誰にも見られない場を設定してから、文章の形式や文体を気にせずに、キャンバスに絵の具をぶちまけるように文字を書きなぐります。後で読み返して修正しようと思う必要はありません。書く内容に制約を設けずに、気持ちがすっきりするまで書いてみましょう。

時間が経過してから読み直すと、新たな気づきを得る場合があります。過去の気持ちが言葉になって出ているので大切に扱うべきです。時間が経過してから、改めて文章にして発信するときの貴重な材料となりえます。

文章を読んだ人にとっては、書いた人の知らなかった部分を知る効果があります。読んでから親しみを感じたために、実際に会って話をしたいと申し出る人が出てくるかもしれません。また、旧知の友人が、久々に一緒に話をするのを望むときもあります。文章によって、昔は知らなかった部分を知ってもらい、昔とは異なる形での付き合いに発展するかもしれません。ビジネスパートナー、同じ会社の仲間になるなど、仕事のかかわりで新しくつながる可能性はあります。さらに親しくなると、恋愛関係などへの発展もありえます。２人の関係が大きく変化するほどの力をもつのが文章である点も理解しておきましょう。

【図表3　ジョハリの窓】

自分も他人も知っている 開かれた自分自身	**他人は知っているが自分は知らない** 知られている自分自身
自分は知っているが他人は知らない 隠された自分自身	**自分も他人も知らない** 閉ざされた自分自身

●ジョハリの窓を活かす

対人関係にかかわる考え方として、「ジョハリの窓」があります。アメリカの心理学者たちが、自分のことを開示する意義や、他者とのコミュニケーションにかかわる考えを示したものです。自分自身が知っているか知らないか、他者が知っているか知らないか、で4つのマトリックスに事柄を分けてみます。

「自分も他人も知っている」部分は、開かれた自分自身です。「自分は知っているが他人は知らない」部分は、秘密にして隠された自分自身です。「他人は知っているが自分は知らない」部分は、自覚はしていないが他の人には知られている自分自身です。「自分も他人も知らない」部分は、自分自身も含めてまったくわからない閉ざされた自分自身です。

対人関係をよくするためには、自分も他人も知っている部分が大きくなるのがのぞましいです。自己開示や相手理解が進むためです。知っている相手に対しては、正直に自分の気持ちをぶつけようとする気持ちが高まります。また、相手が自分自身についてある程度理解してくれている状態だと、必要以上に情報開示をしなくて済みます。何でもかんでもオープンにはできませんが、相手がわかってくれている部分が大きくなるだけでも安心しますね。

信頼できる相手には、不安に思う気持ちを言葉にして伝え、受け止めてもらいましょう。次の行動を起こすきっかけをつくります。不安を取り払って新しい居場所に向かいましょう。

5　親しい人に打ち明ける

●親しい人に聴いてもらうだけでいい

人生で壁にぶつかったときには、他の人に頼る方法を考えます。具体的な支援をすぐに求めたいところですが、誰かに伝えたほうがいいのか不安を抱いて躊躇します。ただ、不安な気持ちを吐き出せば、解決の糸口をつかめる可能性はあります。他の人に話を聴いてもらう方法を模索します。

他の人といいますが、誰でもＯＫとはいきません。親しい人に話を聴いてもらいましょう。家族、友人、仕事でよい関係を構築できた仲間、師と仰ぐ人など、よく知っている人に話をしてみます。

周囲には親身になって話を聴いてくれる人はどのくらいいるのでしょうか？　多くの人がいればいいとは限りません。少人数の限られた人でも構わないので、不安な気持ちを受け止めてくれそうな人に話してみましょう。仮に、世界中があなたの敵だらけになっても激励してくれる人がいれば、勇気がわいてきます。話してくれたことを心から喜んでくれる人や、どんなに状況が変化しても1人の人として尊重してくれる人がいると心強いですね。不安で押しつぶされてしまわずに、壁を乗り越えて進めるきっかけをつくってくれるかもしれません。

親しい人に聴いてもらうだけでもありがたいです。何のアドバイスも求めずに、あいづち、うなずきだけで話を聴いてもらえばいいのです。たった1人、孤独な状態で話し続けるのが辛いときは、反応を返してくれる相手がいれば話を続けたくなります。

新しい発想を生み出そうとするときに、壁打ち相手がほしいと言われます。あいづちやうなずきで反応して、時々質問を投げかけてくれる相手です。新しい発想を生み出すときだけでなく、情報の整理や気持ちの安定を目指して話をするときに欠かせないのが壁打ち相手なのです。

親しい間柄であればいろいろな話はできると思います。ただ、親しいから十分とはいえません。親しい間柄であっても、相手の話を聴かずにズバズバ意見を述べる人はいます。また、わかってもらうために、相手の話を聴かないでわざと厳しい指摘をしてやろうと考える人もいます。話を聴かずに、解決策やアイデアを押しつけようとする人もいるでしょう。親しいからと思って話してみると、後悔してしまうこともあります。

両親や幼い頃からの友人などは、知りすぎている相手なので、ろくに話を聴こうとせず、まるで説教をするかのごとく自分の考えをぶつけてくるときもあります。不安な気持ちは解消されずに、かえって自分を責めて苦しくなるだけの結果になるとしたら、話をするのも無駄に思えます。

●心から信頼できる人に打ち明けましょう

仕事の面での信頼関係があり、存在価値を認めてくれる人と話すのがおすすめです。話を聴いてもらう人とはラポールを形成できるようにします。ラポールは、カウンセラーなどの専門家とクライエントの関係構築の際に用いる言葉で、信頼して心を通わせて話ができる関係性を指します。事実だけでなく、感情の深いところまで話を聴いてもらうためには信頼関係は不可欠です。

親しい人であっても、他人に相談事を漏らしてしまったり、人格否定となる発言を繰り返したりする人は当然ＮＧです。親しき中にも礼儀あり、ともいいます。相手を尊重した態度で臨んでもらいましょう。

重要な話をする人の数は最低限にしておきましょう。可能ならば1人に絞るのがベストです。多くの人に話をすると、相手によって話す内容が変わってしまいますし、相手の話の捉え方も異なります。話をするときに必要以上に気を遣ってしまい、かえって心が疲労してしまいます。不安で覆われている心の状態を打ち明けるために、相手に気遣いする余裕はないでしょう。

家族のなかで最も信頼できるのはパートナーでしょう。パートナーと過ごす時間は長いです。お互いの長所や短所も含めて受け止めあっているはずです。私のパートナーは、私が仕事で厳しい状態に陥ったときに、不安だった気持ちを受け止めてくれました。パートナーとのふだんの仲も影響しますが、最後の最後で信頼できる存在はパートナーです。思いきって話してみましょう。

最初は、言い争いになって険悪なムードになる可能性はあります。ただ、パートナーに心の底から愛情と信頼を寄せていれば大丈夫です。最後の最後まで味方でいてくれる確率も高いです。同じ屋根の下でさまざまな問題を一緒に乗り越えてきたのですから大丈夫ですよ。

信頼できる相手に打ち明けてすっきりしませんか？　親しき仲間がいれば恐れるに足らずです。

6　空を見上げて遠くを眺める

●お気に入りの景色、ふじのくに田子の浦みなと公園

いろいろな手段を試みても、不安な気持ちは、寄せては返す波のように心に向かって押し寄せてきます。言葉にして不安な気持ちが解消できるのならばどんどんやるべきでしょう。時間が経過して再び不安になってしまいそう……さて、どうすればいいのでしょうか？

不安な気持ちを生じるきっかけになる場所にいるのであれば、一度その場所から離れます。大好きな景色の見えるところまで移動してみませんか？　大好きな景色を見ているとどのような気持ちになりますか？　不安が少しずつ消えて、穏やかになってきます。穏やかになれる景色の見える場所は、是非お気に入りの場所にしておきましょう。

私のお気に入りの場所は、静岡県富士市の田子の浦港にある「ふじのくに田子の浦みなと公園」です。自宅から車で15分程度のところにあります。公園からは、壮大な富士山と青々とした海の駿河湾を同時に見ることができます。山と海の壮大な景色を目にすることができるので爽快な気分に

【図表4　みなと公園ドラゴンタワー】

なります。何もすることがないときには ずっといたくなる場所です。

独立当初、将来に不安を抱えていたときに、不安を打ち消すために妻と出かけました。みなと公園には、ドラゴンタワーと呼ばれる展望スポットがあります（図表4）。タワーからあらゆる方向の景色を一望できて最高の気分になって、不安な気持ちを吹き飛ばしてくれます。

お気に入りの場所に行くと、気分転換になります。車よりは徒歩で行ける場所でお気に入りの場所を見つけておくといいですね。行きたいときにすぐに行けます。

河川敷、展望台、海岸線など、視界が開けていて、周囲の景色を十分に堪能できる場所がおすすめです。

●空を見上げて考えると……

先日の昼間、東京に出張で出かけたときに、空を久々に見上げてみました。企業研修の仕事で移動する時間は研修実施日の前夜なので、周りは暗くなっていて景色を楽しめません。改めて東京の空を見上げたところ、空の広さを実感しました。見上げた先の空の向こうには何があるのか、空はどこまで続くのか、などと想いを巡らすゆとりが出てきました。

コンクリートの地面ばかりを見て歩いていると、気持ちが下降気味になって暗くなってしまいませんか？　下ばかり見ずに、顔を上げて遠くの空を眺めてみましょう。電車の車窓からでも広い空が見えます。スマホばかり見ていないで空を見てくださいね。

じっくりと目を凝らして空を見てみましょう。空の色、流れる雲の大きさや形、渡り鳥の群れなど、空をじっくりと見なければ目にしなかったものに気づきます。雨上がりの空であればきれいな虹が見えるかもしれません。不安な気持ちでいっぱいのときには気づかなかったものが見えてくると、新しい発見があってうれしい気持ちになります。空の先にはさらに何が見えましたか？　空を見て発見があったときには、写真を撮っておくのがおすすめです。

撮った画像はSNSにアップして、どんな気持ちになったのかを書いてみましょう。ブログのなかに画像をアップして感想を書いてみるのもいいです。空の画像を見た人たちから「いいね！」をもらえたらうれしい気持ちになります。また、Instagramに投稿すると、画像の色を自在に変えられるので、お好みの色に変えてアップしても面白いです。

空の下にいる私たちは、空に比べたらとても小さな存在です。そんな小さな私たちの抱く不安な気持ちは、さらに小さなものなのかもしれません。そんなに小さなことで悩んでいたのかと考えると、気分がすっきりしてきませんか？　広大な空の下で生じる小さな不安は、また現れるでしょう。現れたとしても小さなものだと思ってしまえば解消できるかもしれません。小さなものにこだわらずに、大きな空の下でどっしりと構えていれば大丈夫です。空の向こうには無限大の世界が広がります。目に見えないものですが、無限大の可能性があると考えれば恐れる必要はありません。辛くなったら空を見上げてみてください。空を見上げてすっきりしましょう。

7　外に出かける

●気分転換できる外の景色を想像する

気分転換のために外に出かけるのも、悩みや不安を抱えたときには有効です。景色を眺めるために、外に出て遠くまで行ってみてはいかがでしょうか？

かつて辛かったときや苦しかったときに出かけていた場所に行ってみてもいいですね。心のなかで渦巻いている嫌な気持ちをリセットしてしまいましょう。幼い頃によく遊んだ場所や、部活動で大変だったときに行った場所。仕事で上司に怒られて気持ちが乱れたときに行った場所。出かけてリセットできる場所に行ってみませんか？

私の知人は、自分の車の中が好きな場所だと話してくれました。家や仕事場以外の場所を「外」とすれば、確かに自分の車は好きな場所になりえます。仕事場から車で運転して帰宅するときには、最短ルートで帰るのではなく、少し回り道をして帰ると気が紛れるそうです。10分程度でもいいので、ふだんよりも時間をかけて帰ればすっきりできそうです。

遠くに出かけてモヤモヤを払拭するのもいいアイデアです。山、川、海など、時間を忘れるくらいにいつまでも楽しめる場所はどこにありますか?

出かけたくなる場所のイメージを膨らませるためにテストをしてみます。白い紙と黒いペンを用意してください。白い紙に次の手順で書いてみましょう。

（1）山を書いてください
（2）川を書いてください
（3）木を書いてください
（4）太陽を書いてください

どのような絵が描けましたか? おそらく、山、川、木、太陽は人によってイメージの異なるものが描けているでしょう。単純に山、川、木、太陽しか伝えていなかったので迷ってしまったかもしれませんね。どのように描けばいいか想像がつかなくて、今まで出かけたことのある場所や生まれ育った場所などを想像して描いたのではないでしょうか。生きてきた原点となるような景色を想像したのではないでしょうか。実際にある景色そのものではなかったとしても、紙に描いた場所に近しいところを探しに出かけてみて、リフレッシュするために出かけてみましょう。

出かけた先で思いきり大きく息を吸いこんで、ゆっくりと吐き出してみてください。ふだん生活している場所とは違う空気の味がしませんか？　どのような味がしますか？　仕事で不安を抱えているときに呼吸していた場所の空気とは異なりますよね。ふだんの空気を体からすべて吐き出して、新しい空気を体のなかに取りこんでみると、リフレッシュできた感覚になるでしょう。日々の疑問や不安が、空気の入れ替えによって消えてしまったのであれば最高ですね。

●旅行や散歩ですっきりする

不安解消のために遠くに旅行へ出かけてしまうのも1つの方法です。きっちりとした計画を立てた旅行ではなく、西、東など、どの方面に出かけるのかだけを決めて、具体的な場所は後付けで決めます。あてのない旅に出るようなものです。温泉に入る、山に登る、海を見る、寺社仏閣を訪れる、などの旅に出るのは、自分自身をリセットするためには最高の方法です。

また、好きな乗り物に乗るとだけ決めて旅行に出かけるのもいいですね。自動車、バス、電車、新幹線、船舶、飛行機など、乗っていて楽しいと思える乗り物を使って、行く先を決めずにのんびりと旅行して気分転換するのもおすすめです。

なかには、キャンピングカーで日本中の好きな場所へ出かけていく人もいます。以前、近くの街のイベントに出かけたときに、遠くからキャンピングカーでやってきた人に会いました。休みが取れた日には家族を連れて日本中を回っているようです。キャンピングカーが走っている風景も珍しいものではなくなりました。キャンピングカーのように、出かけるためのお気に入りのアイテムを使って出かけると不安も吹っ飛びそうですね。

長期間の旅行が難しいときは、ウォーキングやジョギングのために近所へと出かけて気分転換をする方法もあります。私は、会社員だった頃、日曜日に家にこもっていると仕事のことを思い出して不安になってしまったので、近くの川沿いの道を約1時間歩いていました。体調が元気なときは、ジョギングとウォーキングを繰り返しました。大きな川沿いであったために目の前の視界はひらけていました。開放的な景色のなかを歩き続けて帰宅するとすっきりした気持ちになりました。好天の日に出かけると最高の気分になれます。歩き続けていれば脂肪燃焼や健康維持にもつながるため、気分転換以外にもよい効果があります。

歩くコースは自分で好きなように設定して、楽しむ要素を組みこめば、もっと続けたくなるでしょう。疑問や不安などの気持ちが入り混じっているときには、特にコースを設定せずに、その日の気分で好きなコースを歩き続けるのもおすすめです。あてのない旅に出てわくわくするような気持ちになれます。誰にも束縛されることのない時間を楽しんで、鬱屈した気持ちを解消できますね。

ただ、肉体に負荷をかけすぎないように注意してください。身体の疲労が蓄積すると動けなくなってしまうため、不安が増幅するリスクが高まります。肉体の限界を超えるような動きは避けてください。気分がすっきりできるのを目的として楽しみながら取り組んでみてください。

8　悩んだときは笑顔になる

●純粋な赤ちゃんの笑顔となにかを企む大人の笑顔

疑問や不安が大きくなったときには笑顔になってください。笑顔になんてなれない、と言われてしまいそうですが……笑顔になれば疑問も不安も吹き飛んでしまいます。過去を振り返ってみると、笑顔のおかげで疑問や不安を吹き飛ばせたという人も多いのではないでしょうか。

会社員のころ、電車を使って取引先に向かう頻度が多かったです。ある日、移動中にベビーカーに乗った赤ちゃんを見かけました。赤ちゃんは目をクリクリとさせてじっと私のほうを見ています。私も赤ちゃんをじっと見ていました。やがて、赤ちゃんが嬉しそうに笑ってくれました。赤ちゃんの笑顔をみた私は、もっと赤ちゃんに笑ってほしくなって、頬をふくらませたり目をわざと大きくしたりして、変顔になってみました。私の変顔を見た赤ちゃんはさらに笑ってくれます。一緒にいたお母さんも笑ってくれました。取引先との商談をどう進めたらいいか、などと不安な気持ちになっていましたが、赤ちゃんの笑顔で不安が吹き飛びました。赤ちゃんの笑顔は純真無垢なものであり裏がありません。赤ちゃんの笑顔で気持ちが明るくなるのです。

一方、なにかを企んでいる大人の笑顔をよく見ると、目が笑っていません。必要以上に笑顔になって、相手が何か発言するとわざと声を出して笑ったりします。笑顔と素になっている表情に明らかに違いがあります。

約25年前、私は大学生のときに、東京都内の雑居ビルで、デスクトップパソコン付きの会員制サービスに加入する契約をしてしまいました。この会員制サービスの勧誘は、雑居ビル内の装飾がきれいな空間で行われていました。丸テーブルが至るところにあって、私以外にも営業担当者が勧誘をしている様子が見えました。

このときの営業担当者の表情は今でも覚えています。私が何か発言すると、そのたびに目を線にして笑顔になって、「アハハ」と笑うのです。営業担当者と会ったその日に契約しましたが、怖くなって、改めて友人と一緒に出向くことにしました。

友人と営業担当者に会って解約したいと話したとき、笑顔から急に真顔になりました。今までの笑顔が消えて怖い表情になって、解約をするとどのような影響があるのか、いろいろなことを伝えられた記憶があります。話の内容は全く覚えていなくて、営業担当者の表情だけは記憶しています。笑顔と真顔のギャップが恐ろしかったです。

●笑顔は無料

笑顔は、顔だけのものではありません。心も笑顔になるのが大切です。私は、学びの仲間と一緒に、Facebookのあるグループページで3つのよかったことや嬉しかったこと、感謝したいことを共有しています。文字だけのやりとりですが、内容を読んでいると心地よくなります。気持ちが表情に乗り移って、いつのまにか笑顔になっているのを感じます。

ある日に私が書いた「3つのよかったこと、嬉しかったこと、感謝したいこと」の内容を紹介します。

（1）髪の毛をカットしてもらってすっきりしたこと。

（2）夜の室内運動後に飲む、氷入りのリンゴ酢ジュースがさわやかでおいしかったこと。暑い時期にはいいですね。

（3）仕事のご相談を、スケジュールの関係で立て続けに2件お断りして、ここまで多くの方々にお声がけしてもらえるようになった自身を褒めたい、感謝したいと思えたこと。

素直によかった、嬉しかった、感謝したいと思える内容を書くと、心がほっこりしてきていつのまにか笑顔になって書いているのがわかります。強制的に笑顔の表情をつくらなくても、自然に笑顔になっているのです。

企業研修では、受講者の方々に自己紹介をしてもらいます。自己紹介では「最近うれしかったこと」を話してもらっています。研修受講者のなかには、職場に置いてきた仕事のことを考えた状態で参加していて、研修への抵抗感や反発心を抱いている人がいます。表情は険しく、話を聞いていない態度のようにみえます。

ただ、そのような人たちも、自己紹介でうれしかったことを話してもらうと自然に笑顔に変化します。最初は「仕事ばっかりで特にないのですが……」と前置きしながら、子どもの運動会の話や、久々に単身赴任先から戻って家族に会えた話などをしてうれしそうな表情になります。話を聴いている周囲の人たちも笑顔になっています。思わず笑えるようなうれしい気持ちがこみあがってくると、表情に出て笑顔になります。心からの笑顔が周りに広がっていくのです。

疑問や不安を感じたときは、無理にでも笑顔になってみてください。笑顔になれそうな出来事を思い出しても構いませんが、どうしても思い出せないときは無理にでも笑顔をつくってみます。口角を上げて目元を緩めてから、「もう嫌だ！」と言ってみてください。

嫌な気持ちになりますか？　むしろ、いい気持ちになってしまいませんか？　表情と言葉のつり合いがとれず、面白い感情がこみ上げてきて、思わず笑ってしまうのではないでしょうか？　それで構わないのです。

心が笑顔になっていれば、周囲から見ても裏のない素敵な笑顔になっていて、いつのまにか不安な気持ちが吹き飛んでしまいます。

笑顔は自分も周りも癒してくれる最強の武器です。やろうと思えば時間をかけずに容易にできるものです。笑顔になるために多額の投資をする必要はありますか？　マクドナルドのスマイルが「0円」であるように、笑顔は無料でできるものなのです。

お金をかけたくなければ、今、笑顔になってみてください。うれしかったことを思い出し、笑顔になれるような出来事を思い出して笑うだけで構いません。大声で笑ってしまいましょう。やってみる価値は十分にありますよ。

第3章　今まで順調だった仕事が行き詰まったとき
～行き詰まり打開のためのヒント～

1　バイオリズムを知る

●心身に無理をしてはいけない時代

バイオリズムとは、生命の状態や感情、知性などが周期的に変化することを表します。かつて遊んでいたテレビゲームでバイオリズムの考え方が採用されていました。プロ野球のゲームで、選手の好調や不調の波によってパフォーマンスが変化する要素が含まれていました。当時としては画期的でしたね。

日によって心身の状態がよいときと悪いときはあります。さまざまな要因が重なって好不調の波が出てきます。今日は好調なのか不調なのか、自分でわかっていれば対処できるものです。

最近は、低気圧不調で苦しむ人たちが増えています。私も低気圧の時には頭が重くなったり、腰に痛みが出たり、妙に体が怠かったりします。高い山に登っているわけではないのに、調子の悪さを感じるのです。あまりにもひどいときには、無理をせずに横になって休むようにしています。

仕事でがんばっている人のほとんどは、どこかで無理をしています。数十年前であれば、「少しくらい体がだるいからといって会社を休むものではない、根性が足りない！」と注意されました。今は「体調が悪いのであれば無理をしないように」と言われます。感染症などの病気のリスクが高いときは「出社してはいけない」と命令されます。仕事中のときは帰宅を指示されます。

【図表5　満足度曲線イメージ】

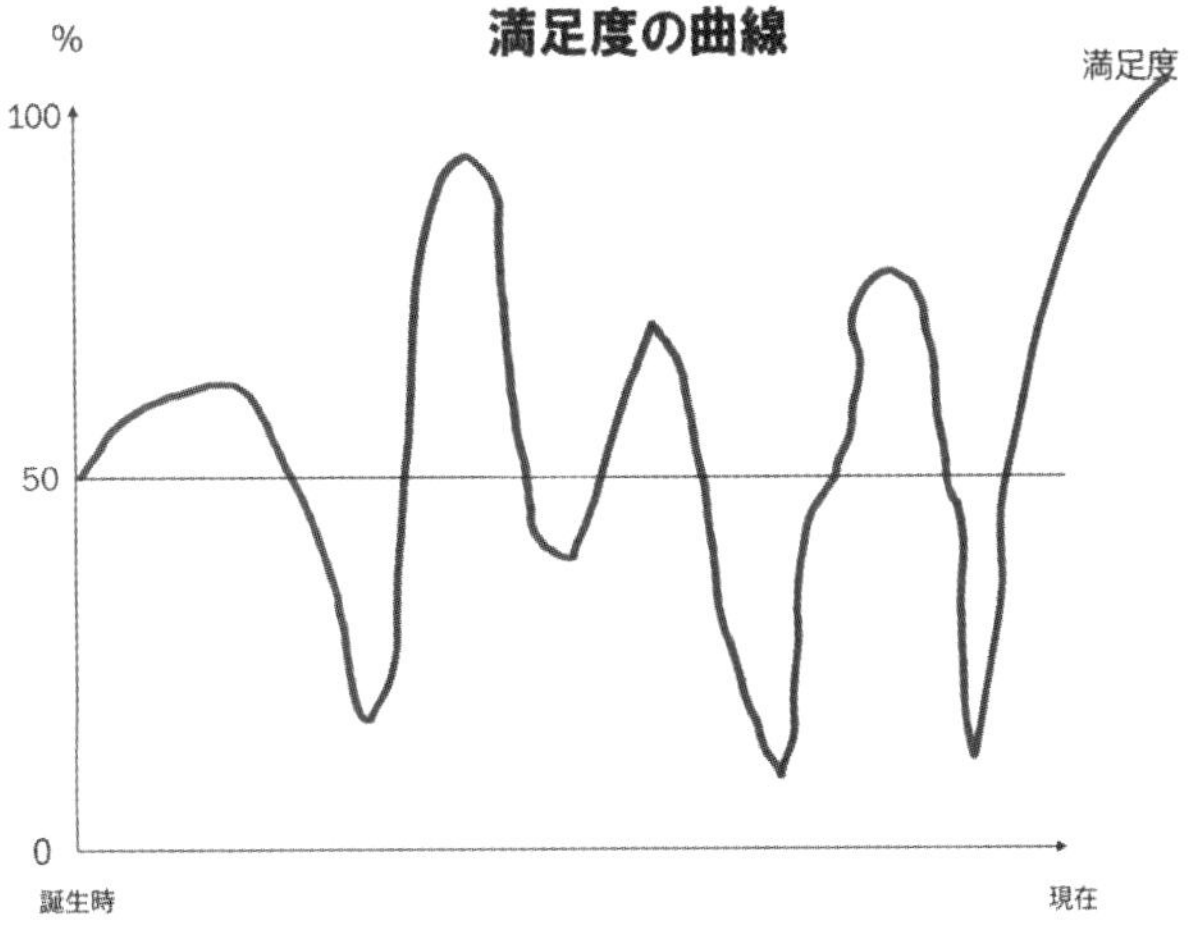

昔に比べて心身の調子を崩しやすい方が多くなったように思います。健康状態を無視するような動きをすれば、自己管理ができない人だと見なされて、会社からの評価は悪くなります。体調は自分自身がよくわかっているものです。素直な気持ちになって、体に向き合ってどのような行動をするのか判断しましょう。

●満足度曲線を描く

心の状態は、時代の流れに沿って振り返るとどのように変化しているのでしょうか？　過去からの変化を探るときに使われるのが、満足度曲線です（図表5）。心のバイオリズムがどのようなものなのかをグラフ化して表現するものです。近年は自分自身の理解を深めるときに用いられています。

満足度曲線を描くときは、真ん中に一本の直線を横に引きます。左側に軸をとり中間を50％にします。このパーセンテージが満足度の割合を表します。横の線よりも上が満足度50％を超える状態で、下は50％未満となります。横軸は誕生から現在までを時系列で表します。

誕生からの人生を振り返り、それぞれの時点で満足度はどのような状態であったのかを思い出しながら、曲線で描きます。曲線を描くと高く盛り上がって山のようになる部分と、低くへこんで谷のようになる部分が出てきます。なぜ高低差が出たのかを考えて、それぞれ変化の大きい部分で一体どのような出来事があったのか、思い出してもらいます。どのような人に影響を受けたのか、そのときの感情はどうだったのかも合わせて思い出してグラフの横にメモをしてもらいます。

そして、満足度曲線がなぜ上下に変化したのかを確認します。落ちこんでいた曲線がなぜ上向きになったのか？　高いところにあった曲線がなぜ下向きになったのか？　それぞれの要因を探ります。過去の満足度の変化を知ることで、好不調の波がやってきたときに対応できる方法を用意しておくのです。さまざまな出来事に直面したときのデータベースとして保存しておきます。

曲線を描くだけでは実感がわかない場合があります。描いた内容に基づいた話を誰かに聴いてもらうと、なぜ満足度の上下が生じたのか、理解が深まることもあります。話を聴く経験が豊富な人や、話をしやすい相手に聴いてもらうのが有効です。話していて気づいた点が出てきたときは、満足度曲線の余白に追記しておくと活用しやすいものになります。

注意してほしいのは、満足度１００％ではないからダメではありません。当時の状態を振り返って確認したものであって、過去の評価をするものではありません。１００％ではない状態を見て落ちこむ必要はないですし、０％に近い状態でも自分を責める必要はありません。低い場合にはどうすれば上がるのかを考えるきっかけになったと思って、前向きに捉えてください。

誰にでも高いときと低いときはあります。仕事が行き詰まったときの満足度は概ね低い状態でしょう。過去の満足度を確認し、同じように低かったときの出来事の特徴や感情、かかわった人の特徴などを思い出して、現在と照らし合わせてみると浮上のきっかけが見つかるかもしれません。行き詰まっているからといって、落ちこんでばかりはいられないですね。

2　危険を察知する

●職場の様子を見てみましょう

仕事が順調すぎるときは、さらによい結果を求めて休まずに行動し続けます。いいことが重なっていくので、うれしい気持ちで満たされます。この調子で進もうと考えて仕事を増やし続けていくと、さらによい結果が出てもっと増やしたくなる。一見すると順調そうですが、果たしてこの状態は永遠に続くのでしょうか？

順調な状態であり続けたい気持ちが強くなると、都合のいい事案には目を向けて、不都合な事案は避けたくなります。トラブルが起こりそうな予兆があっても、あえて目を向けないようにします。順調な状態のときほど気を引き締めて、先を見据えて発生しそうなトラブルの芽を摘みとっておく必要があります。

職場全体の様子を見てみましょう。何か危険がはらんでいるところはないですか？　たとえば、設備面でいえば、物が倒れそうな場所、動きが悪くて故障しそうな機械はないでしょうか？　パソコンなどの通信機器類は問題なく動いていますか？　設備や機械、機器などが動かなくなると、業務が完全に停止してしまいます。故障しそうなものは早めに交換、修理などの対応をとりましょう。

人の動きを見て、問題が起こりそうなところはないでしょうか？　顧客対応のため電話でやりとりしている声、事務処理をしている社員の表情、社員1人ひとりの動きなど、ふだんの職場の様子と比較しておかしなところはないでしょうか？　社員の声に耳を傾け、職場の様子を観察して、問題が発生しないように五感を働かせてみましょう。

疑問をもったとき、おかしいと思ったときには職場の同僚に聞いてみましょう。話してみると問題になりそうな状況を把握できるかもしれません。違う場所に呼び出して話を聞いてみてもいいですね。大きな問題が生じる危険を感じたときは、その感覚を放置しないで、できる取り組みを考えるべきです。

●危険を察知できるための行動

事前に危険を察知できるためには何が必要でしょうか？　危険を示す警報器がついていれば対応できる問題はあります。ただ、機器類で察知できるものばかりではありません。ふだんから五感を働かせて疑問をもつことが大切です。

なぜ業務をやらなければならないのか？　どうすればもっとよくなるのか？　本当に必要な取り組みなのか？　現状に満足せずに改善するために考えてみます。疑問をもって取り組み続ければ、設備や機械の劣化、長時間残業など、職場で起こりうるさまざまな問題を防ぐ効果につながります。危険が顕在化し、問題が発生してからでは遅いです。未然に防ぐために疑問をもつ習慣をつけましょう。

厚生労働省の「職場のあんぜんサイト」では、危険予知訓練について紹介されています。作業や職場に潜む危険性や有害性などの危険要因を発見して、解決できる能力を高める方法が紹介されています。ローマ字や英語で、Ｋ（危険）、Ｙ（予知）、Ｔ（訓練）を表す、ＫＹＴとも呼ばれる訓練法です。各現場で段階を踏んで訓練する方法が紹介されています。危険予知能力を高めるために、関係するメンバーと一緒に学ぶのもいいですね。

また、危険を察知して次の行動に移すためには、ふだんから危険を予知して行動できるような訓練も大切です。地震や大雨による洪水など、自然災害の発生の恐れのある地域では、定期的に防災訓練を実施しています。また、都市部のオフィスでは、消防署の指導のもとに消防訓練を実施しています。訓練に面倒くさがらずに参加して、防災への意識を高めていきましょう。災害発生時に対応すべき行動を体で覚えられます。オフィスだけでなく、地域でも定期的に訓練をおこなっているところがありますので、積極的に参加するといいでしょう。

仕事が順調で何の問題もないときには、ふだんよりも視野が広くなり、心の余裕も出てきます。

周囲の様子を改めてチェックしてみてください。トヨタ自動車でカイゼンの鬼と呼ばれた大野耐一氏は、「問題がないのが最大の問題だ」と言っていたそうです。職場で他の社員に「何か問題はないか？」と質問されたときに、「大丈夫です！」「問題ありません！」と勢いよく答える人がいます。「問題ないです！」と元気よく答える人には、「なぜ問題がないのか教えてください」と聞いてみてください。できるだけ具体的に答えるまで聞いてみるのがおすすめです。順調なときほど足元をすくわれやすいですよ。気を引き締めていきましょう。

3　悪い情報ほど隠さずに共有する

●悪い情報はすぐに報告する

組織にとって悪い情報ほど早めに報告する必要があります。大きな問題につながりそうな情報を隠しておいても、いずれは明らかになると考えてください。

たとえば、今まで懇意にしていた取引先の経営が急激に悪化したとします。その情報を、取引先の営業担当者が上司に報告しないでおくと、大変な事態を引き起こしてしまうかもしれません。自社の経営にも悪い影響が出てしまいます。自身の会社内での評判も悪くなります。

悪い情報は、その予兆に気づいた段階で早めに報告すべきです。私は、部下には悪い事柄ほど早めに報告するように、口を酸っぱくして伝えていました。

過去の不祥事の報道を見聞きしても、たいていは過去の悪事が明らかになって、大きな損害を被っているものが多いですね。不正な経費処理をおこなって懲戒処分を受けた経理担当者、脱税をした経営者などにかかわるニュースを見ていると、「平成○年から○年間に渡って合計○○億円(千万円)着服した疑いがもたれています」のような内容が多いです。誰か身近な人が気づいていたケースもないとはいえません。気づいたときに、同じ会社内の人間や外部の人に相談せずに隠したままでいると、大きな損害になるのは目に見えています。自分の身も危うくなります。早めに周囲に相談するなど、何らかの対策を実行する必要があります。

フランスの皇帝ナポレオン・ボナバルトは「よい報告は翌朝でよい。悪い報告は即刻我を起こせ」といっていたそうです。当時は戦乱の世です。悪い報告は、皇帝をすぐに起こして報告をしなければ、国や兵を失い、命の危険を伴います。命を取られたら一大事では済みません。昔から、悪い報告はすぐにおこなうように徹底されていたと考えられます。

顧客からのクレームは、組織にとっては悪い報告の1つです。発生したときには誠意をもって対応する必要があります。ある飲食業の会社では、クレーム事案を集めてその対応についての情報共有をおこなっています。単にクレームとして発生した事実だけを報告するのではなく、どのように対応すればよかったのかまで考えて共有します。再発防止策を話し合うところまでやっておくと、次に同じようなクレームが発生したときには対処できるでしょう。クレームに対応する方法を組織内で定期的に確認しておきましょう。

●カスタマーハラスメント対策が必要

近年はカスタマーハラスメント（略してカスハラ）が問題になっています。ハラスメントに関しては、セクハラ、パワハラに代表されるように、同じ組織の従業員によるいじめや嫌がらせが問題になります。同じ組織内だけでなく、取引先や顧客など、組織外部の人物からのハラスメントも問題視されるようになってきています。厚生労働省は、カスタマーハラスメント対策マニュアルを作成し対応に乗り出しました。そのなかでは、組織として対応する方法が掲載されています。たとえば、支店で共有されたカスハラ事案はそのままにせずに、本社の対策委員会などで共有する方法です。

支店などの現場では、カスハラ対応マニュアルの整備や悪質な内容に対しての体制づくり、録音や録画ができるような準備などをおこなうのが推奨されています。ハラスメント行為を受けた従業員のケアを実施する相談体制の整備も急務になっています。

企業によっては、お客様には誠意をもって今まで通り対応しつつも、カスハラに類する行為に対しては、従業員の人権を守るために毅然とした態度で臨む方針を明示しています。お客様の言うことは絶対、お客様は神様、などの考え方を改める時代にきていると考えましょう。

顧客などから悪い報告を受けた瞬間は、上司に怒られるのを恐れます。上司に怒られるのを憂うつに捉えてしまい、強いストレスを感じるときもあるでしょう。ただ、上司に報告をせずに隠したまま悩み続けていると、心身に悪影響を及ぼしかねません。放置し続ければ周囲の人たちにも広範囲に悪影響を及ぼします。思い悩んで隠していたために大きな損害となってしまう前に、すぐに上

【図表６－１　過去３年間のハラスメント相談件数の傾向】

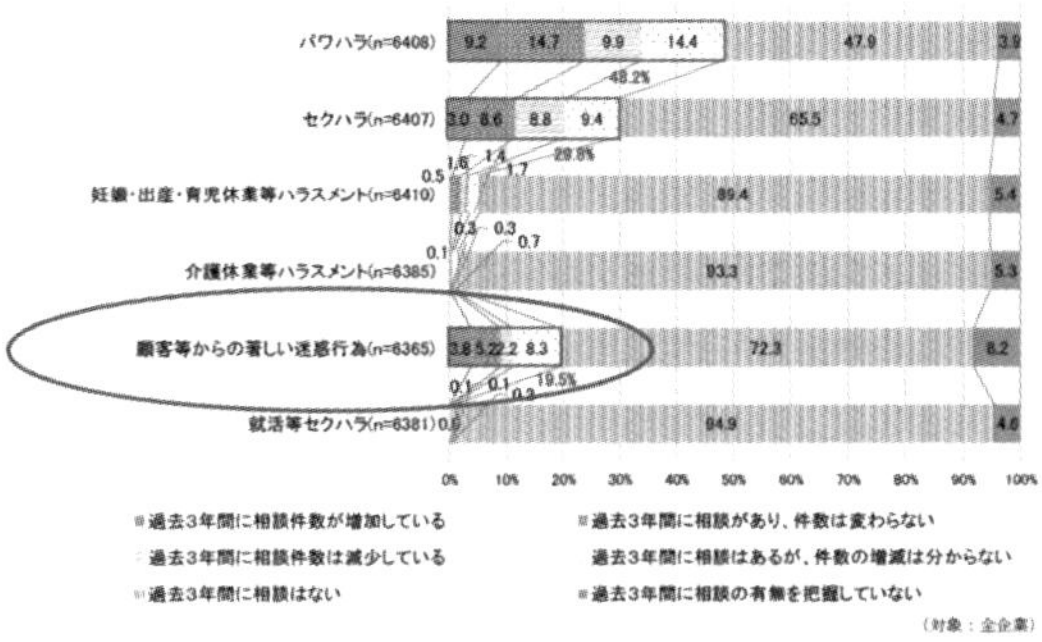

・カスタマーハラスメントの相談件数は19.5％で、過去３年間の相談件数推移では、カスタマーハラスメントのみ、**「件数が増加している割合が減少しているよりも高い」**

【図表６－２　過去３年間にハラスメントを受けた経験（労働者調査】

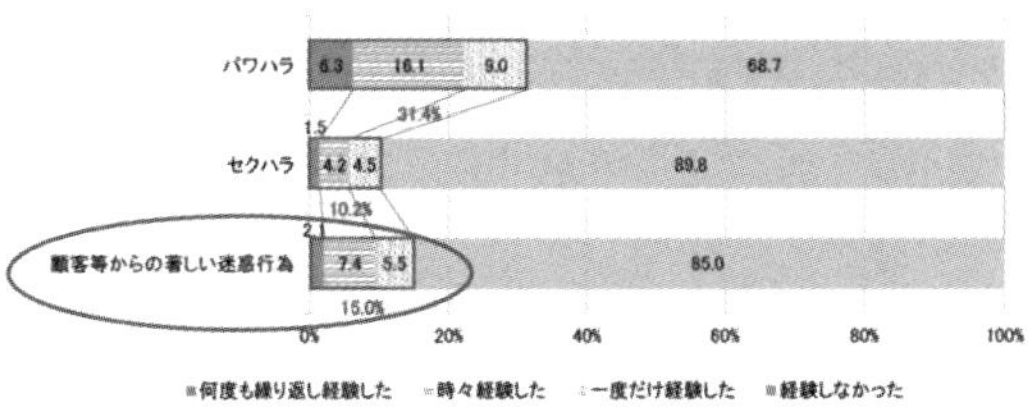

・全国の企業・団体に勤務する20～64歳の男女労働者のうち、過去3年間に勤務先でカスタマーハラスメントを一度以上経験した者の割合は15.0％。パワハラよりは低いが、セクハラよりは回答割合が高くなっている。

司などに報告をして自分の身を守る行動をとりましょう。

4 素直に援助を求める

●協働に向かう社会

仕事でピンチに陥っても、少しくらいのことならば1人で解決できると思いがちです。知識や経験が豊富な人や、「自分で何とかしてやるぞ」と意気ごんでいる人は、何としても1人でやりきってやろうと思うでしょう。その気概は素晴らしいものです。

1人でやろうとしても、そうも言ってはいられない事態も出てきます。たとえば、仕事をすべて失いかねない危機的な状況や、会社や顧客に大きな損害を与える恐れのあるときは、1人で乗り越えようとするのはリスクが大きすぎます。意地になって1人で乗り越えようとしても、やる気さえあれば解決できるものではありません。

会社を揺るがす大きな問題に発展する前に、周囲に対して素直に援助を求めましょう。上司、同僚、他部署の従業員、パートナー会社、ときには部下に対しても援助を求めてください。部下に求めるのは決して恥ずかしくはありません。「聞くは一時の恥、聞かぬは一生の恥」ということわざがあるように、恥ずかしい気持ちは一時的なものです。多くの人たちが救われることであれば、援助はすすんで求めるべきです。

最近は、協働という考え方が重要視されています。「コラボレーションする」ともいいます。同じ目的や目標をもって取り組んでいる人同士が、一緒に知恵を出し合って1つの解を出すために取り組んでいこうとします。同じ組織の人同士だけではなく、他の競合会社と協働して業界全体をよくしようという動きもあります。先日、テレビ局の垣根を越えて一緒にテレビの未来を考えるといった番組が放映されていました。視聴率争いをしているテレビ局同士がタッグを組んで、テレビの未来について番組を共同制作するなど、今まではほとんどなかったと思います。

また、企業と学術機関、自治体などとの連携は、珍しいものではなくなりました。SDGs（国連が掲げる持続可能な開発目標）の17番目の目標は、「パートナーシップで目標を達成しよう」です。全世界的に協働して共通の目標を達成するために行動する流れが確立されてきています。お互いに助け合って目標を達成しようとして行動しなければ、SDGsに掲げられるような世界規模の目標は到底達成できません。

●協働するために素直になる

規模の大小を問わず、協働は今の時代に必要なピンチを乗り越えていくためのキーワードです。厳しい状態に陥ってしまう前に、共通の目的や目標を掲げている人たち同士で協働しあって解決できることを探しましょう。最初に自分からは助けを求めたくはない、などと意地の張り合いをする必要はありません。早く援助を求めて厳しい状況を脱出する方法を模索すれば、問題解決後の評価は高まるでしょう。

変化の激しい時代に挑むためには、お互いに助け合うのは不可欠です。素直に援助を求めるのが歓迎されるような社会になりました。「昨日の敵は今日の友」、「敵に塩を送る」と呼ばれるように、時代の変化に伴って関係性の変化も当然ありえます。競争よりも協調、協働が求められます。

高度経済成長期やバブル経済の頃は、社内で同期の仲間同士が出世を競って誰が早く支店長や管理職になるのか、などの社内競争が展開されていました。勝ち抜いた従業員はさらに出世を重ねて経営層にまで上り詰めていきます。同期やかつての上司が部下になるとやりにくいとは思いつつも、勝利の優越感に浸って仕事をしていた方も多くいました。

一方で、競争に負けた従業員の末路は何とも寂しいものでした。ポストが足りなくなるので、グループ会社に出向になる。なかには出世した同期と一緒に仕事をするのが嫌になって退職してしまう方も出てきます。仮に会社に残ったとしても、社内で何も仕事をしていない先輩がいる、などと揶揄されたものです。

こうした社内での競争は好まれなくなりました。競争よりも協調、協働しあって仕事をする考え方が中心になっている組織が多く見られます。協調、協働中心の社会ではお互いに援助は求めやすくなっているはずです。恥をしのんで助けを求めよう、などと考える必要はありません。ピンチを乗り越えるためには、素直な気持ちで援助を求める意思を示しましょう。

成果を出すためには、複数の部署の従業員が協働して1つのチームを結成して取り組んでも構わないのです。リーダーシップをとって、協働するチームの先頭に立ってみませんか？

5　必要な資源を確認する

●経営資源を見直す

会社を揺るがす大きな問題が発生しても、冷静に対応できるためには定期的な現状確認が有効です。ピンチに陥ったときに、すぐに対応できるだけの資源が手元にあるかを確認しておきます。ここでいう資源とは、いわゆる経営資源です。人、もの、カネ、情報など、会社経営や事業運営に必要とされる基本的なものを指します。

たとえば、人については、問題に対処できるだけの人員が揃っていることが必要です。マンパワーがあれば乗り越えられるケースは多いです。問題の内容によっては、人の数を揃えておくだけでは不十分で、問題に対応できる能力のある人を揃える点を考える必要もあります。ものについては、備品や道具を揃えて解決できるものがあれば準備します。数が足りなければすぐに注文しておきましょう。システムで備品管理ができれば、発注忘れなどを起こさずに揃った状態を保てます。

カネについては、解決のための賠償金や違約金を支払うために揃えるだけではありません。ほかに必要となる経費を見積ってから資金を調達しておきます。ふだんかかっている経費の額よりも多めの額を想定し、資金に余裕を持たせておきましょう。他にも問題解決に必要となるシステムや設備なども準備しておきます。できるだけ充実した状態にしておきます。

仕事で発生する問題に備えて、情報の整理は欠かせません。情報整理をするときは、フレームワークと呼ばれる、思考のための枠組みを使用するとわかりやすいです。フレームワークときくとわかりにくく感じますが、頭のなかをすっきりさせてくれるような、シンプルで活用しやすいものが多くあります。

●フレームワークで確認する

フレームワークの代表的なものとして、中学校の義務教育で学習する5W2Hがあります。

・5W……WHO（誰）、WHEN（いつ）、WHERE（どこ）、WHAT（何が、何を）、WHY（なぜ）
・2H……HOW（どのように）、HOW MUCHもしくはHOW MANY（いくら）

大きなイベントやプロジェクトの企画をするときには、事前に主催者の要望やお困り事を聞く必要があります。5W2Hのフレームワークに沿って内容を確認して理解を深めるとともに、企画者側が提案できるための準備を進めます。相手に聞くための資料として、5W2Hの考え方に沿って作成されたヒアリングシートを準備する場合があります。

営業やマーケティングの戦略を考えるときには、3Cのフレームワークで必要な経営資源について確認します。3Cとは、COMPANY（自社）、CUSTOMER（顧客）、COMPETIT

【図表７　フレームワークの例】

5W2H	what,why,who,when,where how,how much(many)
3C	Company（自社）, Customer（顧客） Competitor（競合）
QCD	Quality（品質）,Cost（費用） Delivery（納期）
4P	Product（製品）,Price（価格） Place（流通）,Promotion（販促）

ＯＲ（競合）です。それぞれの経営資源の規模や、主力商材、得意とする拡販方法など、事前に把握している情報をもとに分析を深めます。ほかにも自社にとっての強みや、顧客に支持されている点、競合の弱点などを整理します。顧客の状況についても詳しく整理して、自社の戦略立案の参考にします。

他にも生産現場で用いるＱ（品質）、Ｃ（コスト）、Ｄ（納期）のフレームワーク、マーケティングで用いる４Ｐのフレームワークなど、活用できるようにすれば自社の資源確認に活かせます。考えている内容を分解して抜け漏れがないかを防ぐためのフレームワークにロジックツリーがあります。論理的に考える力を高める効果があります。ほかにもフレームワークは多くありますので、興味のある方は「ビジネスフレームワーク図鑑」（翔泳社）などを参考に、学んでみてください。

ピンチになったときほど、落ち着いて足元をさまざまな観点から確認すると、冷静な判断に向けて心の準備ができるはずです。慌てず騒がず、必要な資源を確認して対応策を考えるきっかけにしましょう。

6 ものの見方を変える

●言葉のリフレーミング

行き詰まった状況を打開するために必要なものが揃っていても、気持ちにどうしても余裕がないときがあります。客観的に見ても何も問題もないのに、なぜ気持ちに余裕がないのでしょうか？

ふだん使っている言葉に着目します。1つの言葉を使ったために気持ちが落ちこんでしまったことはないですか？　気持ちがマイナスになってしまう言葉を使っていませんか？　自身のよくないところや、ダメだと思うところばかりを言葉にして発していませんか？　言葉の影響で自身の状態を悪くしてしまっているのに気づかないのです。使う言葉を少し変えるだけでピンチを乗り越えられるのです。

ものの見方を変えるときに使う手法にリフレーミングがあります。たとえば、コップに半分の水が入っている状態を想像してください。コップに半分しかないと捉えるか、コップにまだ半分もあると捉えるかで見方は異なります。

経営学の父と呼ばれるピーター・F・ドラッカーは、コップに入っている水の量は同じでも、捉え方の違いで意識や行動が異なるとの考えを示しています。1つの状態の見方を変えるだけで、大きな発見、変革のきっかけとなりうるのです。気持ちや感情のコントロールの方法としても有効なのがリフレーミングの考え方なのです。

たとえば、リフレーミングで言葉は次のように捉え方を変えられます。

私は臆病である↓私は慎重である　　落ち着きがない↓社交的である

計画性がない↓行動的である　頑固な人↓信念が強い人

人見知りする↓慎重である　鈍感な人↓我慢強い人

ネガティブに解釈してしまいがちな言葉をポジティブに変えています。人の短所として捉えそうな言葉を長所に変えています。物事がうまくいっていないときは、矢印の上のような言葉で自分を傷つけてしまっているのです。自分を責め続けると疲弊してしまいます。どこかで気づいて言葉の使い方を変えれば、落ち着いた気持ちになるでしょう。

●3つの目をもつ

言葉のリフレーミング以外に、ものの見方を変えるときに意識してほしいのは「目」です。目の前の状況を捉えるときに用いる3つの目として、「虫の目」「鳥の目」「魚の目」があります。

虫の目とは、地を這う虫のように真正面から物事を捉える視点です。人の表情を真正面から見て観察するようにじっくりと見ます。日常的に見ているのはこの目で、部下の様子を観察するときにも活用します。

鳥の目は、鳥が空から地上を見るように、全体を俯瞰して大きく捉える視点です。大きな木の全体像を見ると、真正面から見ているだけでは気づかなかった枝や実などが見えてきます。組織を束ねる人たちには、組織全体の状態を把握するために、いわば鳥の目で物事を観察する力が要求されます。

魚の目は、世の中の流れに沿って見る視点です。虫の目や鳥の目は、世の中の流れを深く意識せずに観察しますが、魚の目は組織外部の環境変化を引き起こす出来事を理解して対応するために必要な目です。出来事を理解してから自社への影響を予測して、早めに手立てを打つ必要が出てきます。VUCAの時代で自社を取り巻く状況はどのようなものなのか、冷静に見つめるときに必要な目が魚の目です。社会の激しい変化に対して置き去りにされずに、素早く対応できるための目といえます。

3つの目は誰にでも備わったものですが、人によってはまったく使用していない目もあるでしょう。ただ、意識すれば使用できるようになります。まずは意識して使用するところから始めてみませんか？

物事を冷静に考えられなくなるのは、見方が固定的になっているときです。周りの状況が見えずに盲目的になっているとも考えられます。自分の立ち位置から目に見える範囲を少しずつ広げていけば、全然見えていなかったものに気づくものでしょう。言葉の使い方も冷静になれば変わってきます。ピンチに直面して落ち着かなくなったら、言葉も見方も「変える」だけでよい方向に変わるかもしれません。変える勇気をもって取り組んでみましょう。

7　心を鍛える

●ストレスでつぶれないためにレジリエンスが必要

順調だった状態から転げ落ちるように急速に状況が悪化したときは、思いもよらない出来事を経験して心を乱してしまいがちです。現代はストレス社会、などと言われるようになってからは、心の強さ、ストレス耐性を高める動きが目立つようになっています。

経済産業省が提唱する「社会人基礎力」は、職場や地域社会で多様な人々と仕事をしていくために必要な力として３つの能力と、12の能力要素が定められています。このなかに、目標に向けて協力する力として、チームで働く力をもつ必要があるとされています。チームで働くためには、多様な考え方や価値観をもった人たちがいるので、常に平常心で仕事に取り組めるとは限りません。

予期せぬ状況でかかるストレスの発生源に対応する力として、ストレスコントロール力をもつように求められています。

心の健康を維持して仕事に取り組むためには、自分自身にかかるストレスを乗り越えて突き進んでいかなければなりません。近年は、ストレスコントロール力とともに、折れない心をもつ観点から、レジリエンスが注目されています。

レジリエンスとは、全米心理学協会によると、「逆境や困難、強いストレスに直面したときに、適応する精神力と心理的プロセス」と定義されています。新型コロナウイルス感染症が拡大したときには、職場環境の変化が予期せぬものであったために心身に強い疲労を感じてしまう人たちが急増しました。コロナの拡大で先の見えない不安が高まるなかで、レジリエンスについて学んで実践しようという動きが多くの組織で見られました。

レジリエンスを高めるためには、自分自身をよく知るのが出発点です。気持ちの状態が上下するときはどのようなときなのかを把握します。下の状態から上の状態に戻ってくるときの感情や行動を思い出し、そこでとった行動を実践します。たとえば、音楽を聞く、好きな香りに包まれるなど、気持ちを落ち着かせて元の精神状態に戻れるための行動をするのです。元の精神状態に戻れたということは、心が折れてしまわずに戻れたと考えます。まるで長い竹が折れずにしなりながら元の状態に戻るかのように心も回復できたと実感すれば、レジリエンスが高まった証です。

●体罰は不要

昔は、メンタルを鍛えなさいと言われたときは、厳しい環境に身を置いて耐え抜くトレーニングをやるのが1つの方法でした。精神的に追いこんで極限の状態にあるなかで根性を鍛え直すような訓練をおこないます。

しかし、今はその訓練がベストだとはいえません。一時的にメンタルが鍛えられるような錯覚は持ちますが、訓練を受けた効果が継続するとは限らないのです。極限状態のもとで自分の心を鍛えたい人にはよい内容かもしれませんが、精神状態と照らし合わせて訓練を受ける決断をしたほうがいいでしょう。

　昨今は部活動の体罰について話題になっています。部活動で生徒を「鍛える＝殴る」と解釈されてきたように思います。体罰は厳しく鍛えている証のように見えますが、人格を否定するような攻撃であって不要な行動です。生徒が思うように動かないからといって、鍛えるために殴る理由はないです。厳しく鍛えるのは、大声で怒鳴って殴ることと同じ意味ではありません。生徒が望んでいる行動とも一致していません。

　心を鍛えるのは、厳しい環境に身を置いて、今までできなかったことに挑戦するから可能となるのです。殴られる必要はないですし、人格を否定される必要はありません。相手の人格を尊重しているのを前提として、新しい行動を身につけてもらう、今までの行動を修正してもらう過程で、先生から鼓舞激励を受けて心が鍛え上げられ、成長するはずです。

　仕事でうまくいかないからといって、上司や先輩が暴力をふるうような職場もあったようです。暴力をふるうのは心を鍛える方法ではありません。相手の人格を否定する訓練ではなく、相手の人格や存在を認めたうえで、難易度の高い取り組みに挑戦するなどを通して、心を鍛えるための教育訓練を考えていきましょう。レジリエンスをテーマにした研修は、自分自身を尊重するのが基本になっています。自分を認めたうえで心を鍛えていけば、さらに大きく成長できるきっかけがつかめるかもしれません。

8　思いきって休む

●仕事の成果は働く時間に比例しない

仕事がうまくいかないからといって、働く時間を増やそうとする人がいます。事務所で時間を割いて働くのが一番だと考えます。今から20年ほど前、20代の会社員だったときは、やろうと計画していた仕事が終わらずに成果も出ていなかったので、ひたすら残業していました。事務所で1人になって働くのがよいと思って、終電の時間近くまで残って仕事をしていました。出社して仕事をすればなんとかなると考えていました。時間をかけて取り組んだにもかかわらず、思うような成果は出ませんでした。

周囲から心配はされましたが、時間をかけて勉強して合格した受験生時代の成功体験が頭に強く残っていて、時間をかけてコツコツやろうと考えて仕事をしていました。長い時間かけたにもかかわらず、成果にはつながりませんでした。

仕事をする時間を多くとれば成果が出るとは言い切れません。時間をかけ過ぎたために疲弊してしまっては逆効果です。働きすぎてしまって、心身の調子を崩してしまう人も増えています。1日のなかで働くことに多くの時間をかけて滞っていた仕事が順調に動き出すのであれば、現在のような働き方改革、残業の抑制などの考え方は出てこなかったでしょう。かつての昭和の時代のように「24時間戦えますか?」の精神でガンガン働く人ばかり出てきてしまいます。

今は、長時間働き続けるよりは、限られた時間のなかで成果を出すために休むのが推奨されています。休む時間をとって、ふだんの仕事は短い時間で集中してできるようにするのが健康維持のためにもよいのです。

●休みの予定は先に入れる

仕事を含めた年間の計画を考えるときに、先に休暇の予定を決めてしまいましょう。たとえば、長期間の旅行に行く、家族との時間を確保する、資格を取るために勉強に専念するなど、仕事以外の事柄に時間をかけるために、仕事を休むと決めてスケジュール帳に記録しておきましょう。

休むとわかっていれば、休みを楽しむために仕事の調整を試みるはずです。調整のために、周囲のメンバーに休みの予定を共有する、外部の取引先やビジネスパートナーに協力を仰ぐなど、先手を打って行動しましょう。

周囲のメンバーは、休む直前に共有されるよりは協力的になるでしょう。ただし、繁忙期や人手が必要な時期などに休暇を取ろうとすると反感を買ってしまいますので注意してください。

休みの予定を入れておけば、気持ちにゆとりが出てくるでしょう。休みを先に決め、残った時間で仕事をするように計画を立てるのです。

休みの予定を取っていなくても、リズムが悪い、うまくいかないときには、いったん立ち止まるために無理やり休むのも1つの方法です。体だけ休めても、頭の中で仕事について考え続けていては、全然休んだ気持ちにならないので心身に休暇を与えましょう。心を休めるためには、仕事をイメージしない場所に行ってしまうなど、時間の使い方を工夫してください。

たとえば、パソコンを使用して仕事をする人であれば、Wi-Fiが入らないなど、パソコンが使えない環境に身を委ねましょう。飲食店で勤務している人であれば、類似の飲食店がないところに出かけてみましょう。

仕事のことを考えても、何もできない場所に行ってしまうのは1つの方法です。可能であれば、数日間の休みをまとめて取ってしまいましょう。心が休まるような期間を決めて、長めに休んでしまうのです。

1人で会社を経営している方は別ですが、複数の従業員がいるのであれば、1人だけ休んでも会社が倒産するはずがありません。思いきって休んでも大丈夫です。もちろん、早めに休みの予定について共有しておかないと、社内の人間関係が悪化してしまうので、周囲に配慮しながら休む判断をしましょう。配慮の気持ちが伝われば、周囲の方たちも「ゆっくり休んでください」と声を掛けてくれるでしょう。

休んでリフレッシュして再び仕事に戻れば、気力も体力も充実した状態で仕事に臨めますね。順調にいかないときほど無理はしないで休んでください。

第4章　頼りにしている生活の糧・仕事を失ったとき

～生活の糧と安定を得るためのヒント～

1　業界や市場の情報を収集する

●生活の基盤づくりから仕事探しへ

頼りにしていた生活の糧や仕事がなくなってしまったときの衝撃は計り知れないものがあります。生活維持のために手を打つ必要がありますが、慌てて何かをしようとしても、足元を固めなければ同じ失敗を繰り返してしまいます。

まずは冷静になって、自分自身の現在位置を確認する必要があります。今後どの方向に進むのかを決めるために、手広く情報を集めるところから始めます。何を目標にして動くのかを決めますが、判断に必要な情報がなければなかなか動けません。

また、仕事を失ったのであれば、失業保険の手続や社会保険、税金にかかわる手続など、仕事を探す前に必要な手続を進めるための情報を集めます。新しい仕事を探そうとしても、必要な手続をしなかったために損失を被ってしまっては、落ち着いて仕事を探せません。新しい収入も必要ですが、生活のために必要なお金も確保する必要があります。手元にある預貯金などを確認するのも忘れずにやりましょう。生活の糧を手に入れるまでの基盤を固めてから次のステップに進みます。

生活の糧となる仕事を探すために、関心のある業界についての情報や、気になる職業の情報、求人にかかわる情報などを集めましょう。ハローワークなどの公的機関を利用して求人情報を検索する方法や、ハローワークに常駐するキャリアコンサルタントに相談する方法などがあります。業界の景気動向、企業が必要としている人材のニーズなど、幅広い情報を得ることができます。

生活維持のためにすぐに収入を得る必要がある場合はのんびりしていられません。雇用形態に特に限定なく仕事を探すのであれば、求人情報誌、新聞、広告などを調べて、気になった求人情報に対しては積極的に問い合わせてみましょう。自分の生活状態や希望の労働条件に応じて、必要な情報を集めましょう。

すぐに就けそうな仕事を探すとしても、私たちは、膨大な情報にあふれた社会で生活をしているため、何から探せばいいのか迷ってしまいます。特にネットを使って情報を集めるときは、あまりにも膨大すぎて必要以上に時間をかけてしまいがちです。気づいたら何時間もネット上の情報を眺め続けていた事態になりかねません。何のために、どのような情報を集めるのか。目的や内容を決めてから、効率的に情報を集めて次の一歩を踏み出すのが有効です。

●効率的に情報を収集する

情報収集時にキーワード検索を有効に利用していますか？　私はネットで情報を集めるときは、複数のキーワードを入力して検索します。Googleを使用するときは、キーワードを最大で３つ入力して、言葉の意味を調べます。ウィキペディアや大辞泉などの情報を参考にしますが、ウィキペディアは投稿者の主観が入っている可能性があるので注意してください。１つの言葉のみで検索すると、検索結果の数が膨大になりがちなので、複数の言葉を入力してある程度絞りこみをかけてみるのがおすすめです。

また、ＳＮＳなどから関連する情報を引っ張る方法もあります。ハッシュタグ機能を有効に使います。ＳＮＳの投稿のなかに、「＃○○○」のように、さまざまな言葉が数行に渡って記載されています。＃はハッシュマークと呼ばれていて、＃の後ろに言葉を付け加えて使用します。「＃○○○」をクリックすると、同じハッシュタグのついた投稿が多く出てくるので、参考にしてみるのもいいですね。抽象的な言葉のハッシュタグでは、関係なさそうなものもたくさん出てくるので注意が必要です。なお、ＳＮＳで投稿するときに複数のハッシュタグを使用すると、投稿内容を見る人が増える可能性があります。

効率よく情報を収集する方法として、１つの情報から関連する言葉を拾い上げてさらに情報を検索する方法です。たとえば、ネット記事を読んでいくと色の異なる文字があります。クリックすると、その文字の意味を解説した情報が出てきます。解説内容を読んで関連する情報を集めていくと、当初の想定よりは幅広く情報収集ができます。

集めた情報は頭のなかで覚えておこうとしても忘れてしまいます。忘れないためには、改めて情報を見直して、好きなように加工して整理するのがおすすめです。ノートに書く、Ｅｘｃｅｌを使用して表にまとめる、文書ファイルにベタ打ちするなど、頭のなかに眠る情報を引き出してください。

情報をそのまままとめる必要はありません。不要な部分をカットするなど、残したい情報だけにしておきます。加工しながらまとめると、情報を見て考えながら集められるので記憶に残りやすくなります。

覚えておきたい情報や発信しても問題のない情報は、他人に教えると記憶に定着しやすくなります。教えるためには、他の人よりも情報に詳しくならないと、情報を知らない人に説明しても正確に伝わりません。他の人に理解してもらうためには、難しい言葉を使用しない、端的に伝えるなど、伝え方を工夫する必要があります。情報を他の人に教える役割を担ったときは、情報を丁寧に収集できるチャンスだと思ってください。

情報は鮮度が命です。効率よく情報を収集して、次の行動に踏み出す足掛かりにしてください。

2　家族に打ち明ける

●大事な話は家族に打ち明ける

生活を一緒に支えてきた家族には、大事な生活の糧を失った事実を、どこかのタイミングで打ち明ける必要があります。家族内のルールで、お互いの仕事には干渉しないと決めていても、将来の生活に大きな影響が出るリスクが高まったときには、家族に黙ったままというわけにはいきません。

会社から解雇を言い渡された、転勤の辞令によって大きく収入が減ることになった、会社の経営が悪化して倒産してしまい辞めざるをえなくなった……このような事実を隠し通すのは難しいです。

家族に隠していても、いずれは問い詰められて明るみになってしまい、生活の糧を失う瞬間以上に、家族間の対立などでより大きなストレスに悩まされてしまうでしょう。離婚などで家族を失ってしまうと立ち直れないですね。自分だけが被害を受けるものではなく、家族や知っている人たちを巻きこんでしまうのは、想像以上のストレスがかかります。

大事な話は真っ先に家族に打ち明けませんか？　家族は、生活で本当に厳しいときにも支えとなる存在です。同じ屋根の下で一緒に暮らしている家族はお互いのことをよく観ています。それは大人も子どもも変わりません。大事な話は、パートナーや親だけではなく家族全員に伝える必要があります。

年末になると、民放のテレビ局で「プロ野球戦力外通告」という番組が放映されます。所属球団から戦力外通告を受けたプロ野球選手数人にスポットを当て、彼らの様子を追ったものです。戦力外通告を受けたときや、新しい進路が決まったときは、家族全員を集めて事実を伝えている場面が出てきます。小さなお子さんは内容がわからないかもしれないのに、それでも伝えているのです。「パパはプロ野球選手ではなくなっちゃうんだよ」。話の意味を十分に理解できなくても、心を支えてくれる大切な存在が家族ですから、伝えるのではないでしょうか。

私は、かつて体調を悪くして会社を休む決断をしたときには、すぐに妻に伝えました。妻は心配してくれて、初めて心療内科を受診する前には、病院の入り口までついてきてくれました。診察が終わった後は、近くのファミレスで一緒に食事をして励ましてくれました。しばらくの間休職して収入が減るとわかっていても、いつもと変わらない笑顔で接してくれたのです。収入が減るので生活が苦しくなる不安があっても、真摯に向き合って話せばわかってくれるはずです。家族とのふだんの関係が影響するため、日ごろから家族とは笑顔で接して、本音で話しあえる関係を構築していきましょう。

●家族とのコミュニケーションのとり方が大切

家族と本音で話し合おうと思って、問題が発生してから家族との関係をよくしようとしても難しいのではないでしょうか？　ふだんから家族との間でお互いに声をかけあう、挨拶をする、何気ない会話をするなど、コミュニケーションがとれていれば、問題が起こっても親身になってかかわってくれるはずです。

たとえば、食事のときに家族から話しかけられたとします。そのときに、相手の顔を見ずに、テレビ、スマホ、新聞などを見ながら話をしていませんか？　話をきいているふりをして、「うん、うん、うん」のように、抑揚のない一本調子で返事をしていませんか？　頭のなかではまったく違うことを考えていて、全然話を聞いていません。その様子は相手に伝わってしまいます。「ねえ！私の話を聞いているの？」と大声で言われてびっくりして、「聞いているに決まっているでしょ！」と、負けないくらいの大声で返答すると、家族の関係はぎくしゃくしてしまいます。

子どもに話しかけられたときも注意してください。たとえば、子どもが「今日ね、学校でね、先生が○○と言っていたんだよ、それでね…」と、今日あった出来事を話していたとします。子どものほうを見ないで「うんうん」と無表情で反応し、しばらくしてから「はやく勉強しなさい！」「はやくご飯食べなさい！」といきなり子どもに命令口調になって怒ってしまうと、子どもはどう感じるのでしょうか？　親への反発心が芽生えてしまい、親に話すのが嫌になってしまうかもしれません。なんだか寂しいですよね。

ふだんの家族への接し方、特にコミュニケーションのとり方がよくないと、生活の糧を失うような大きな問題が起こったときには、家族の雰囲気が悪くなってけんかになってしまいます。最悪の場合には一家離散の事態を招きかねません。

一方で、ふだんから家族を思いやり、笑顔で家族の話を聞いている関係を保っていれば、問題が起こっても心配する必要はないでしょう。衝撃的な話を聞いた瞬間は、仲のよい家族であってもびっくりします。ただ、話を聞いてから、これからどうすればいいのか一緒になって考えてくれるでしょう。他の家族の手助けが難しいことであれば、「がんばってね！」と応援してくれますね。

会社の同僚に話せない内容のときには、最も近くにいる家族が話を聞いてくれるだけでもうれしいです。話の内容をわかってもらえなくても、気持ちを受け止めてもらうだけでもありがたいです。人生を共に過ごしてきた家族だから、受け止められることもあるはずです。ふだんの家族とのかかわりを大切にして、いざというときに話をしても、受け止めてもらえる関係を構築しましょう。

3　誰にも負けない知識や技能をもつ

●身につけた知識や技能を整理する

これだけは誰にも負けない！　そのように自信をもって言い切れる知識や技能があると、次の仕事をつかむチャンスがすぐにやってきます。ただ、誰にも負けないと言い切れる知識や技能があるかと問われても、すぐに答えられる人は多くありません。「誰にも負けないような知識や技能なんてないです」ときっぱり答える人が圧倒的に多いです。

定期的に取り組んでほしいことがあります。今まで経験した業務の内容を整理しましょう。健康に問題がないか検査するために、年に1度健康診断を受けます。自分で身につけた知識や技能などの点検を、健康診断同様に年に1度はおこなってください。キャリアにかかわる健康診断をおこなってほしいのです。ただ、病気のような悪いところを見つけるためではなく、誰にも負けない強みを見つけるために整理するのです。

まずは、担当した業務を順番に書き出していきます。社会人になってからの順番で構いません。思い出せないときは現在から遡って書き出しても構わないです。業務内容と合わせて書いてほしいのは、業務を通して覚えた知識や技能です。

どのような知識、技能を身につけたのか具体的に整理しましょう。知識や技能を整理していくと、獲得した能力が思い浮かぶのではないでしょうか？　たとえば、営業の仕事を通して商談の進め方を理解して実践すると、商談を進めるために必要なコミュニケーション力、プレゼンテーション力、ヒアリング力などが身につきます。業務内容を整理していくと、知識や技能だけでなく、身についた能力を自覚できるでしょう。

整理しながら、著しい業績をあげたときや周囲から高い評価を得たときを思い出してください。会社で表彰を受けたものや、顧客から褒められたもの、広報誌やマスコミなどで採り上げられたものなどがあればわかりやすいです。

特定の分野でナンバーワンだと言い切れるような成果を示すものがあるとベストです。仮にナンバーワンでなくても、自分自身で誇れるだけの成果を確認しましょう。他の人と成果を比べる必要はありません。就職希望先での選考では、企業の採用担当者が応募者同士を比較しますが、他の人と比べてたいしたことはないと決めつけず、自信をもっていきましょう。

●オンリーワンの知識や技能を身につける

仕事で忙しいときには、強みとなるポイントを常に意識して仕事をしているとは限りません。欠けている点や改善の必要がある点に着目しがちです。人は欠けている部分に目をつけて対策を考えようとします。企業で改善策や自己啓発促進施策を重視しているのは、欠けている点をなくすための典型的な施策の例です。仕事を通して成長すると考えたときに、欠けている点をなくそうとするのは当然の行動です。仕事を失ったときに新しい仕事を探そうとするのは、まさに欠けているところをなくすための行動です。

自分自身の知識や技能に対しては、欠けているところを見る必要があるのを否定しませんが、自信をつけるためには、獲得した知識や技能に目を向けるのを忘れてはいけません。オンリーワンのものだと誇れる知識や技能は何ですか？　あればベストです。もし思いつかないときは、１つひとつの知識や技能だけではなく、いくつかの知識や技能を組み合わせたものに着目してください。組み合わせたもの全体を俯瞰して見ると、あなただけのオンリーワンの強みが浮かび上がってくるかもしれません。

知識や技能を整理したものの、自信をもってＰＲできるものがない場合には、国や都道府県、市町村などでおこなっている職業訓練を利用して新たな技能を習得する方法を検討してもいいでしょう。ハローワークなどで仕事を探す過程で職業訓練の受講を勧められることがあります。最近は「ハロートレーニング」とも呼ばれています。

訓練の内容は、パソコンやプログラミング、WebデザインなどのＩＴに関する内容や、機械や電気、金属加工などの生産現場での技術に関わる内容、医療や福祉に関する内容など幅広いです。失業給付を受けている人は公共職業訓練、受けていない人は求職者支援訓練を受講できます。基礎から学べるものと、ある程度基礎が身についた人向けの実践的なものに分かれているものもあります。訓練を受講する過程で資格取得や技能習得も可能なので、仕事を探すときに有利に働くだけでなく、自信にもつながります。職業訓練については、厚生労働省のホームページなどで確認してみてください。自分自身にあった技能を身につけて、武器となるものを増やしていきましょう。

4 一歩抜け出すチャンスをつかむ

●「はい」か「YES」で返事をする

新しい生活の糧や仕事は、黙っていても転がりこんできません。自分から行動して新たにつかむしかありません。簡単に見つかるときもありますが、ある程度時間がかかるのを見越しておく心構えも必要でしょう。いつやってくるのかわからないものです。

たとえば、まだ十分な準備ができていない段階で、新しい仕事にかかわる誘いがあったとします。完全に準備が終わってから、という気持ちも理解できます。ただ、生活の糧を取り戻せると考えたときには、タイミングが到来するまで待っていられません。準備が終わってからといっても、一体いつになったら準備が終わるのか、考えてしまいますね。

誘いがあったときは、まずチャレンジする意思を相手に伝えましょう。1つの失敗ですべてが終わってしまうわけではありません。

複数の成功者の方々が話していたことを紹介します。新たな誘いや依頼があったときは、できるかできないかを考えずに「はい」か「YES」で回答しなさい、と教わりました。「NO」はないのです。回答は1秒以内で即座に答え、余計なことを考えずに返事をします。皆さんは、次の質問に即座に答えられますか？

・○○さん、入り口に届いた荷物を2階まで運んでもらえますか？
・○○さん、明日までに企画書を送ってもらえますか？
・(家族が) あなた、今日は夕ご飯つくってくれる？
・(お子さんが) ねえ、今から学校まで迎えに来てよ
・(親が) ○○、お小遣いちょうだい

すぐに「はい」か「YES」で回答できる習慣をもちましょう。相手は嫌がらせをしたくて依頼するわけではないはずです。すぐに回答できる習慣があれば、決断の早い人だと思われて、相手からの評価が上がるでしょう。他の人とは一味違うと思われて、大きな信頼をつかむきっかけにもなります。さまざまな面で一歩抜きんでた人になるための返事の習慣は身につけておきましょう。

●チャンスをものにするためには

私は独立して4年が経過しました。独立当初は金融機関主催の創業スクールに通ったり、地域の経営者の集まりやビジネスマッチングのイベントに参加したりして、自分自身の売りこみに力を注ぎました。売上を上げなければ会社は倒産してしまいますし、会社の預金残高が少なくなっていたため必死になっていました。何とかして仕事をもらいたい気持ちが強かったですね。

仕事が欲しい気持ちが強くなるほど必死になって売りこむために、相手のことを考える余裕は全くなかったです。相手からすれば、「今年独立起業したというけど、一体何ができるの？　そもそも誰なの？」という疑問があったはずです。私は相手の疑問に答えようと考えないで、とにかく売上をつくらないといけないという気持ちしかなかったです。相手には私の様子がはっきりと伝わったのでしょう。

独立1年目で売上につながった仕事はほとんどありませんでした。必死に売りこもうとしても結果は伴いません。相手からかわいそうだと同情してもらって仕事をいただいても、結局は相手に振り回されてしまい、思うような出来栄えにならずに満足してもらえなかったでしょう。必死にならざるを得ない状況とはいえ、相手の話を聞いて対応するなど、十分なコミュニケーションをとる必要があります。社会人として必要なマナーやコンプライアンスについても遵守して相手にかかわるのは当然です。

「石の上にも3年」ということわざがあります。どんなに厳しく辛い状況であっても、辛抱して待ち続けていればよい方向に物事が好転するという意味のことわざです。今までの仕事のときの収入と同じ水準にまで取り戻すには、3年とは限りませんが、ある程度の時間は必要でしょう。自身にとってのぞましい機会がやってくるのを待つ姿勢も大切です。相手の立場で考えると、必死になりすぎている人に出会っても、お互いに落ち着いた状態で話ができるとは思えません。取引にはつながらずに敬遠されてしまいますね。

【図表８　「私」を知るための質問】

「私は何ができるのか？」
「私は何のために仕事をするのか？」
「私にとっての顧客は誰なのか？」
「私は誰と一緒に仕事をするのか？」
「私は世の中にどのようにして貢献するのか？」
「私はどのような仕事をするのか？」

売りこもうとして激しく動き回るよりは、自分自身の状態をしっかりと認識するのに時間をかけるのが、生活の糧を得るためには最善の策です。図表8で質問を挙げていますので答えられるか確認してください。

答えられない質問があるかもしれませんが、自身を知るために答えをもっておくと役に立ちます。自身の理解が不十分だと、チャンスをつかむために一歩踏み出すときに躊躇してしまいます。落ち着いて考えれば答えられるはずです。確実に一歩抜け出すチャンスをものにするためにも、自身の理解を深めていきましょう。

5　市場価値を確認する

●転職エージェントを活用する

「あなたの市場価値はどのくらいですか？」「あなたのお値段はいくらですか？」

以前このようなキャッチフレーズをウェブサイト上で

見ました。自分に値段をつけるといくらになるのか？　自分の値段について考えている人はどのくらいいるのでしょうか？　もちろん、実際に値段をつけて販売しようとするわけではありません。自分の価値を一体どのように捉えているかを考えてみましょう。

今の仕事で給料が上がらないとわかると、次の生活の糧をどのようにして得ればいいのかを考えます。新たな勤務先を求めて、転職支援サービスを利用した転職を模索します。転職を考えるときには、今の仕事を辞めてからハローワークなどの公的機関を利用する方法があります。

今の仕事を続けた状態で転職を考えるときは、主に民間の転職エージェントが提供するサービスを利用します。転職エージェントは、転職希望者からの相談に乗り、求人案件の紹介や選考対策などのサポートをする事業者です。リクルートエージェントやＤＯＤＡ（デューダ）など、あらゆる業種の転職希望者に対して総合的にかかわる事業者が有名です。ＩＴ業界、金融業界、医療福祉業界などの特定の業界を中心に支援をおこなう転職エージェントも存在します。

転職エージェントが提供するサービスのなかには、転職希望者の市場価値について情報提供するサービスがあります。転職エージェントのホームページを確認して、「市場価値診断」などのボタンをクリックすると、必要事項を入力すれば、年収などの指標で示した市場価値がわかる内容になっています。診断後に専門のキャリアアドバイザーなどが対応する仕組みになっている転職エージェントが多いので確認してください。

転職エージェントは、求人紹介から転職を果たすまで丁寧にサポートしてくれます。転職市場についての十分なノウハウをもっているので、疑問点は納得のいくまで聞いてみるとよいでしょう。積極的に求人案件を紹介してくれる担当者、十分に話を聞いたうえで慎重な判断を促す担当者など、転職エージェントの担当者はさまざまなスタイルで転職希望者にかかわります。担当者との相性もあるので、もし違和感をもったときには、別の転職エージェントに相談するなどの対応をとりましょう。

●年収で示される市場価値

市場価値というのは、現在の市場で通用する経験や能力があるのかを問われるものと考えてください。市場価値が高ければ転職エージェントから積極的に求人案件を紹介されます。なかにはヘッドハンターと呼ばれる専門家が、高額の年収をもらえる役職者や専門家にふさわしい人材を探してヘッドハンティングの話を持ちかけてくるかもしれません。他の人と比べて活用できる能力があり、専門性の高いスキルを保有していると判断されれば、市場価値は高いものとなります。企業の提示する年収が高額になり、現在の年収の倍以上の年収が示される場合もあります。

年収ですべてが決まるわけではありませんが、市場価値の高さを評価して好待遇で企業に迎えられる可能性が高くなります。希望していた年収よりも高い年収を提示されるということは、自身で考えていた以上の市場価値があると判断されたと考えてよいでしょう。逆に、現在の年収よりも低くなってしまうと、市場価値はあまり高くないとみなされてしまいます。

市場価値が高いとはいえ、価値の高さを判断した相手が誰でもよいとはなりません。いわゆるブラック企業と呼ばれるような企業が高額の年収を提示したときには、果たして納得して受け容れるでしょうか？　希望通りの仕事となる可能性の低い企業からの誘いを我慢して受け容れますか？　市場価値判断の内容を鵜呑みにするのはリスクがあります。市場価値を高いと判断した相手の企業についても十分に理解しておきましょう。お互いに、一緒に働くだけの価値があるとリスペクトしあっている状態で巡りあうのがベストです。

市場価値は、特に公的に定められた指標ではありません。企業にとって大切なのは人材です。自社の成長に貢献できる人と一緒に仕事をしたいと考えるのは当然です。そうなると、企業は高い年収などの労働条件を提示してきます。今まで勤務していた会社での待遇が悪くなっても、他の会社では高い評価を受ける可能性は十分にあるのです。他の会社で提示された条件で自身の市場価値を確認し、今後の生活の糧となる仕事を探すきっかけにしてください。

6　多様な働き方を知る

●「ふくぎょう」が認められる状況

働き方改革や新型コロナウイルス感染症拡大などをきっかけとして、私たちの働くスタイルに変化が出てきました。１つの組織で正社員として働くのがすべてではなくなってきています。

副業、複業。いずれも「ふくぎょう」と読みますが、「ふくぎょう」をする人たちが増えています。副業は、本業以外の収入以外に副次的に仕事をするのを指します。サイドビジネスとも言われています。本業以外でやっているアルバイトや、本業での労働時間以外に空いた時間を使って収入を得る活動です。

複業は、本業とは別に仕事をするケースでダブルワークとも呼びます。どちらが力を入れて活動しているのか区別せずに取り組んでいます。本業以外の複業を少ない収入でやっているものもあります。本業のノウハウを活かし、街づくりや環境保護などの社会貢献活動をおこなう非営利法人をサポートする、プロボノと呼ばれる活動は、複業として無収入でおこなう活動です。

最近は、従業員に副業を認める企業が増えてきています。副業に対して寛容になりつつありますが、本業に支障が出ないようにおこなう必要があります。

たとえば、民間の会社で正社員として勤務している方が、別の組織で顧問などのアドバイザー的な役割を担っているケースがあります。アドバイザーを副業的な位置づけにして、本業と副業で生計を立てている人たちも増えてきています。大企業のなかには、本業で培った経験やノウハウをベースにして、副業で活かすのを推奨しているところもあります。自社で培ったノウハウを別の組織に提供するのを推奨し、従業員の成長を促しています。

本業の仕事を失ったときに他の仕事があれば、完全に収入が途絶えません。まだ収入はあると考えて、副業として取り組んでいた仕事に力を入れる方法があります。心理的に厳しい状況であるのに変わりはないと思いますが、副業を中心にして当面は生計を維持していくしかないでしょう。副業を本業としつつ、次の本業にできそうな仕事を探していく必要があります。

●副業は情熱を注げる活動

無収入で一生懸命に取り組んでいた活動が、心の支えになる場合もあります。私は、勤務していた会社を休職して有給休暇をすべて消化してしまい、収入がかなり減少した時期がありました。当時は、社会保険労務士や行政書士、コンサルタントなど、専門サービス業の方々向けに勉強会を主宰していました。

お金を稼ぐためではなく、企業研修の現場で培ったノウハウをどこかで活かしたいと考えて、参加者の成長や人脈構築を支援する活動を始めました。参加者1人ひとりにとって何かプラスオンできるものがあればとの想いを反映し、「プラスオン！」という名の団体をつくりました。副業ではなくクラブやサークル活動のような位置づけでしたが、企業研修の企画や運営などの経験を活かせるので、非常にワクワクしながらやっていました。「プラスオン！」の活動をしていた期間中、精神的に辛い時期がありましたが、「プラスオン！」が私にとっての生きがいになっていました。一緒に活動を支えてくれた仲間に励まされて不安な気持ちが紛れました。

転職して本業の内容が変わって忙しくなったために活動を止めてしまいましたが、「プラスオン！」は心の支えになっただけでなく、自身の成長につながりました。

今はｗｅｂを使ってできる仕事が多くあります。テレワークでできる仕事があり、正社員でなければならないなどのこだわりがなければ、自分の知識や技能を活かせる場は見つかりやすいです。副業として取り組めそうな案件を多く紹介するサイトを利用すると、収入を得る機会が出てきます。ランサーズ、クラウドワークス、ココナラなどのサイトは、副業を探したい方にとっては役立つでしょう。業務の内容は、ＷＥＢ制作、デザイン、ライティング、資料作成など幅広く紹介されています。

私も独立して満足な収入が得られなかった頃には利用していました。ライティングの業務を中心に取り組み、電子書籍制作やカウンセリングの業務も経験しました。本業に近い内容だったので、やりきって報酬を得たときには自信になり、成長を実感できました。もちろん本業にも十分に活かせています。本業にリンクさせたものにしようとすれば、今まで培った経験やノウハウを活かして対応できる仕事が見つかるでしょう。好きな案件を選んで取り組むと、収入を得られるだけでなく、スキルアップにもつながります。本業の収入が得られるまでのつなぎになる仕事として、時間を注いで取り組んでみるのがおすすめです。

副業にする仕事は、やりたい気持ちが強いからできるものではないでしょうか。主となる仕事を補完するものとして取り組んでいるからこそ、情熱を注いでやってやろうという気持ちがこめられてくるものです。糧となる本業を仮に失ったとしても、副業で仕事へのやる気を維持できれば、すぐ新しい仕事に出会えるでしょう。多様な働き方が尊重されている時代だからこそチャレンジする価値はあります。仕事を失っても情熱は失わずに、他の取り組みに力を注いでみてください。

7　就職活動をする

●自分に合った企業を探すために

自分自身の知識や技能の整理などによって自己理解が進んだ段階で、いよいよ就職活動に本腰を入れます。今まで生計を立てていた副業があっても、本業の仕事は新しく見つけたいものです。ハローワークや転職エージェントなどを利用して就職活動を進めていきます。職業訓練を受けているときには、技能訓練だけでなく就職に向けた準備の支援もしてもらえるので十分に活用しながら進めていけます。

就職活動に向けては、新しい仕事を早く見つけたいと思って、なりふり構わず応募書類を出しまくるのは避けるべきです。数を撃てば当たる、のような考え方は、どこに勤めても構わない意思の現れです。どのような方針で進めるかは個人の考え方によりますが、数をこなせば必ず就職先が決まるとも言い切れません。就職先の入社内定を獲得できるのは、採用側と応募側の考え方が一致していた、お互いに相思相愛の関係が確認できたなど、事前に面接などで理解を深められたからです。

人手不足に陥っている企業は、人手不足を解消したいニーズが最も強いため、即日に採用内定を出すこともあります。一方で、入社後に特定の役割を与えるためにじっくりと選考したい企業もあります。面接は一回ではなく複数回実施して、採用側と応募側の理解を深めるのに時間をかけます。

採用側も、そして応募側にもお互いに考えがあるので、両者の考えが一致すれば入社内定になるはずです。簡単に内定がとれないからといって、すぐにあきらめる必要はありません。就職活動をする時間に限りがあると思いますので、時間とのバランスをとりながら、自身にあった企業を探しましょう。

職業訓練を終えていれば、そのときに培った知識や技能、獲得した資格もＰＲできます。訓練で学んだ内容を活かして、新しい仕事を見つけましょう。履歴書には、訓練期間と訓練の内容、修了した事実を記載できます。数か月かけて手に入れた知識や技能は、後の人生にも価値あるものとして示せます。今までの就業経験や資格、職業訓練の成果を活かして、どのような貢献ができるのか伝える準備をしておきましょう。

履歴書などに記載さえすれば、書類が勝手に相手の企業に話してくるはずはありません。自分の口で自己ＰＲや志望動機などを話せるために応募書類で整理するものだと考えてください。

●就職活動に向けての心構え

就職活動で大事になるのは応募書類です。具体的には履歴書と職務経歴書です。それぞれの書類の書き方は、キャリアコンサルタントなどの専門家が就職支援をするときに教えてくれます。詳細の書き方の説明は省きますが、相手に伝わる内容になっている点が重要です。

履歴書は、氏名や連絡先などの基本情報に加えて、経歴、資格の有無、ＰＲポイント、希望の年収や勤務場所、勤務先への所要時間などを記載します。市販されているものや、ダウンロードできる履歴書の書式に沿って書きます。漏れなく記載して提出してください。

職務経歴書は、今まで従事した業務内容を順番に書きます。一般的な書き方としては、まず職務経歴内容の要約を記載した後、時系列に沿って順番に企業名や部署、業務内容などをまとめます。取り組んだ内容だけでなく、業務を通して得た成果についてもまとめましょう。転職回数が多いときは、同じような職務内容ごとでまとめて書く方法があります。

どちらの書類も、応募者が最初に企業に対して自分自身のことを伝えるためのものです。応募者自身が目の前にいないときに、企業が目を通す資料です。自分の分身をつくるつもりで、心をこめて作成しましょう。そのためには、パソコンで作成、手書きどちらの場合でも、相手が理解しやすい簡潔な文章でまとめるように心がけてください。手書きの場合には、相手が読みやすい丁寧な字で書くのは言うまでもありません。

就職活動で内定を獲得するために乗り越える必要があるのは面接です。面接では応募者の人となりを見られるため、書類だけでは伝わらないポイントを口頭で伝えます。性格、価値観、考え方など、書類では書けなかった点を伝えましょう。

ただ、仕事を失った事実について、前職への文句や不満を述べるのはＮＧです。文句や不満をいっても相手は同情してくれません。新たに従業員として採用してもらうために同情を誘っても効果はないと思ってください。どのような事柄であっても、文句や不満は聞いていて気持ちのいいものではありません。

応募先で活かせる経験や知識、技能は何か？　なぜ応募先に就職を希望するのか？　どのような考え方で仕事に臨むのか？　など、応募先企業にとって、採用メリットを感じてもらえるように伝えるのを意識します。

面接で緊張してしまいそうであれば練習しましょう。模擬面接の形式で、転職エージェントやキャリアコンサルタントに面接官役になってもらって取り組みます。面接官役が実際に本番同様の形式で質問をして、それに答える練習です。いくつかの質問に回答した後、面接官役からフィードバックをしてもらって本番で回答できるようにしましょう。面接時のマナーや振る舞いについて不安な場合には、模擬面接で動きを確認し、一通り実践した後で面接官役からフィードバックしてもらってください。模擬面接ではうまくいかなくても思い悩む必要はありません。本番の面接で後悔しないための準備だと思って取り組んでみてください。

仕事を失って就職活動をするとは思ってもいなかったため、特に一度も離職した経験がない方にとっては、心理的に抵抗があるかもしれません。学生から社会人になったときや、アルバイトで面接を受けたとき以来の就職活動であれば、何をすればいいかわかっている人ばかりではありません。キャリアコンサルタントなど、就職に関わる専門家のアドバイスを受けながら後悔のないような準備をして就職活動に臨んでください。

8 無駄遣いをなくす

●出費を見直す

収入を失ったときには足元を見直すのが鉄則ですが、足元とは仕事の話ばかりではありません。家計についても見直す機会が必要です。

家計の支出はどのような状況でしょうか？　収入がないときは支出を抑えなければいけません。1か月間の支出を見直してみましょう。必要な経費、たとえば、家賃や住宅ローン、食費や電気、ガス、水道などの公共料金、通信費、教育費など、支払わないと生活を維持できないものを完全に失くすのは難しいため、削減できそうな費用から手を付けます。たとえば、通信費は主にスマートフォンに関係する費用が考えられます。定期的に料金プランを見直して、安くできるのであればプラン変更を検討してみてはどうでしょうか？

娯楽や嗜好品にかかわる費用は、収入がないときは抑えるべきです。0円にしてしまうと精神的にストレスがかかってしまうのであれば、必ずしも0円にする必要はありません。完全に失くさなくても節約する行動は実行すべきです。お酒やたばこ、パチンコ、ゴルフ、釣りなど、今はやらなくても生活できるものはいったん控えてみませんか？　娯楽に依存しすぎるとお金をつぎこんでしまいます。

また、健康面を考えるとお酒やたばこは控えめにするべきです。たばこに対しては、健康増進法の改正の影響で、社会からの見方が厳しくなっており、会社で喫煙をするのに肩身の狭い思いをしている従業員も少なくありません。受動喫煙対策で喫煙する場所自体をなくす会社も出てきています。人材の採用条件でも、喫煙しない人を条件項目に挙げる会社も増えてきました。会社を変えるタイミングでたばこを止めるのを検討してみてはいかがでしょうか？

趣味に対してもほどほどにしておきましょう。収入の源になるものを確保してから、趣味に打ちこむ時間をとっても遅くはありません。就職が決まったときのご褒美にゴルフをする、飲みに出かけるなどと決めておくと、それ自体がモチベーションになりますね。

●生活資金を調達する方法

支出の見直しが順調に進んでも、収入がなければどんどんお金は減る一方です。貯金を取り崩すなどして、すぐに使えるように現金化しておきましょう。金融商品を解約して現金化するなど、当面の生活を維持できるための備えは必要です。

金融商品で見直せるものは見直して対応します。見直しできる代表的なものとして挙がるのは保険です。生命保険や損害保険、医療保険など、リスクへの備えが必要と考えて掛けているものがあると思います。契約している保険商品のなかで、支払う保険料負担が大きく、必ずしも必要といえないものは、よい機会だと考えて今後の契約を見直しましょう。

貯蓄性のある保険商品のなかで解約返戻金が支払われるものは、ある一定期間加入していれば解約して現金化が可能です。保険に加入している実績によって金額は変動しますが、解約でまとまったお金を手にできます。解約返戻金が支払われない保険商品もあるので、契約している保険会社に問い合わせて、事前に金額を確認しておきましょう。ただ、保険を解約すると、さまざまな事故が生じたときに保障が受けられなくなりますので、十分に検討する必要があります。

諸事情で保険解約ができない場合は、契約者貸付制度を利用して資金調達をしましょう。契約者貸付制度は、貯蓄性のある生命保険を担保にしてお金を借り入れる仕組みです。解約返戻金の約8割の金額を上限として借り入れができるため、解約返戻金の金額によって借り入れできる金額は変わってきます。消費者金融などの無担保融資やクレジットカードのキャッシングと比べると金利が低く最大で6％程度です。返済しなければ利息は増えていきますので、長期間借りっぱなしにするのを避けたほうがいいですが、生活に必要な資金を一時的に調達する手段としては活用できるものです。

契約者貸付制度の利用は可能なのか、いくらまで借り入れが可能なのか、解約返戻金同様、事前に契約している保険会社に確認しておきましょう。

借金をして生活費を確保するのは、利息の支払いを考えると最終手段とするべきです。クレジットカードのキャッシングは手軽に利用できますが、お金を借りる仕組みなので返済の必要が出てきます。クレジットカード会社は、原則的に個人の事情に基づいて返済を猶予してくれません。私はかつてクレジットカード会社で債権管理の仕事をしていましたが、支払いが遅れたときには厳しく回収をおこなっていました。借りたお金は返してもらうのが原則ですからね。

クレジットカードキャッシングを利用したときは、計画的に返済できるように管理するのを忘れないでください。また、手軽に利用できる分金利が高めです。何度も繰り返しキャッシングをすると、いくら借り入れしたのかわからなくなってしまうこともあります。残高や利息、返済金額などを確認して、計画的な利用を心がけてください。それができないのであれば利用しないのが最良の選択です。

収入が途絶えたときには無駄な出費を減らすのが一番です。一時的に我慢すれば、また収入が入ってくると期待して行動しましょう。

9　必要な投資をする

●時間を自分のために投資する

収入が途絶えても、自分にとって必要な投資は続けていくのをおすすめします。成長する人は、定期的に自己投資を続けています。お金だけでなく時間も同様です。

学びのために必要な時間を投資できていますか？　新しい知識の吸収はもちろんですが、今まで学んだ内容のブラッシュアップのための時間投資も疎かにはできません。たとえば、令和5年10月から始まるインボイス制度について学ぼうと考えたときには、1冊の書籍や1つのセミナーだけで終わらせるのではなく、他の書籍を読んだり、切り口を変えた他のセミナーで学んだりすると、知識が拡充されます。1冊の本や1つのセミナーの内容を繰り返し復習して、知識の定着を図る方法も有効です。自分に合った方法で取り組みましょう。

学びの時間への投資は、多額のお金をかけなくてもできます。自身の成長に向けて時間を使い、新たな生活の糧を手に入れるために備えましょう。居住地によっては、学ぶためのセミナーに参加するのが難しい場合もあります。コロナ禍の影響もあってオンライン受講が可能なセミナーが増えました。自宅からパソコンやスマホで接続して参加できるので、時間を確保して受けてみてください。1～2時間程度あれば学べるものが多いですね。

本格的に学ぶ前に情報だけを得たいときには、無料のセミナーで大まかに情報をつかんでおくとよいでしょう。有料のセミナーよりは情報の量や質が抑えられている傾向がありますが、大まかにつかむのであれば無料のセミナーも含めて検討してみてください。

心が穏やかになる活動への投資も不可欠です。家族や気兼ねなく話のできる友人との交流に時間を投資しましょう。心が穏やかになれる人たちとの交流は自分自身にとっての活力になります。心が折れてしまいそうなときに交流すれば、嫌な気持ちをすべて忘れさせてくれます。また、家族と楽しむ時間は惜しまないでください。仕事をするようになると、家族と楽しむための時間を満足に確保できなくなる可能性もあります。家族と一緒に食事をする、共通の趣味の時間を楽しむ、子どもとお風呂に入る、遊ぶなど、家族とのかかわりに時間をかけて、心が穏やかになりそうな時間を過ごしてください。

●学びの投資からコツコツと

生活の糧を手に入れるために、難しいとされている資格取得への挑戦は取り組む価値のある活動です。学びへの投資の一環となります。難易度の高い資格取得を考えるときは、半年間程度の期間のコースを受講する方法があります。コースの内容によっては、給料1か月分の金額を超える費用がかかるために簡単には決断できないかもしれません。

雇用保険に一定期間加入した実績があれば、教育訓練給付制度を利用できます。教育訓練給付金の対象となる講座を受講修了したときに、一定の条件を満たせば最大で受講にかかった費用の70％、年間の上限56万円、最長4年間、受講者に支給されます。対象講座や受講料によって、3種類の教育訓練給付金が定められており、支給割合や上限金額が異なります。初期投資としての受講料は高額となります。受講を修了して給付金制度によっては資格取得を実現すると、ハローワークで申請すればかかった経費の一部が戻ってきます。詳しくは厚生労働省のホームページでご確認ください。

学びにお金をかけるのは決して無駄遣いではありません。無駄遣いにならないように、投資して得た学びは自分のものにしましょう。自分の仕事に当てはまるとどのように活用できるのか？　学んだ内容の全部は活かせなくても、一部活かせるところはあるでしょう。知識として定着させるためにも、記憶が新鮮なうちに復習しておきましょう。反復継続の繰り返しが大切です。

言うまでもありませんが、無駄なお金の投資は控えましょう。第4章の8「無駄遣いをなくす」でも触れましたが、競馬や競輪、競艇、パチンコなどのギャンブルで、仕事で失ったお金を取り戻そうとするのはやめましょう。ギャンブルですから、確実に収入が得られる保証はありません。宝くじも同様です。一攫千金を夢見るのは構いませんが、宝くじを当てるために多額のお金をつぎこむのはおすすめできません。ギャンブルも宝くじも、手元のお金は減ってしまうものだと考えてください。ギャンブル以外で利益を得ようと考えて、損失リスクの高い金融商品に投資をするのは避けるべきです。生活の糧を失ったから一発逆転の人生を夢見て、甘い投資話の誘いに飛びつくのは論外です。また、株や投資信託などの元本割れするリスクのある金融商品の購入や、ＦＸ取引への参入、得体の知れないものへの投資などは避けましょう。

ＳＮＳを通して新たな投資を勧誘するメッセージが突然届く現象が増えていて、甘い投資話に簡単に飛びつきやすい環境になっています。資金に余裕があっても、なるべく避けましょう。お金をつぎこんでしまうと、大きな損失だけが残ってしまう事態になりかねません。冒険したいのであれば引き止めませんが……

苦しい状態であっても、確実に収入を得られる方法を選択するのが優先です。自分自身の理解を深めて着実に前進するのが一番です。人生「急がば回れ」ですね。再び満足のいく収入を得られるために、必要な投資はおこなって、コツコツと地道に進みましょう。

第5章　頼りにしている大切な人・パートナーを失ったとき
～気持ちの安定とショックを乗り越えるヒント～

1　現実を受け止める

●大切な人を失ったときにかかる強いストレス

恩人と呼ばれる人やパートナーなど、大切な人が突然いなくなってしまうのは誰にでも起こりうるものです。東京の池袋で発生した高齢者による交通死亡事故や静岡県の保育園で園児がバスのなかで亡くなった事故など、痛ましいニュースが続いています。家族を失った遺族の方の悲しみは、言葉にできないほど想像を絶するものがあります。事故によってさまざまな影響が生じ、裁判や関係各所との話し合い、マスコミの対応などストレスがかかる状況が続いてしまいます。気持ちが相当強くなければ、新たな行動を起こす気力すら湧いてこないでしょう。本当に見るのも辛いニュースでもあり、このような痛ましい事故はなくなってほしいと心から思います。

愛情を注いできた家族が突然失われる。いつやってくるのか全く予想もつかない出来事です。心の準備を予めしておくようにと言われても無理があります。家族が不治の病にかかってしまい、余命期間を宣告されて、「覚悟をしておいてください」、と医師から告げられても、どうしていいかわからなくなってしまいます。出会いがあれば別れがある。必然の出来事とはいえども、直面すると受け止め難い事実なので気持ちの整理がつきません。ただ、現実を受け止めなければ将来に向かって進めなくなってしまいます。

大切な人を失ったときには気持ちが沈んでしまい、知らないうちに精神面で強いストレスがかかります。強いストレスがかかり続けると、心身に異変が生じるなどの反応が出やすくなります。頭痛や腹痛などの痛みだけでなく、人によっては高血圧、胃潰瘍などの心身症の症状が出るかもしれません。

また、うつ病などの精神疾患のリスクも高まります。はっきりとどこかが悪いと特定できていないもので、なんとなく体の調子が悪いなどの身体愁訴（しゅうそ）の症状も、ストレスを感じたときに出る反応として考えられています。症状だけでなく、飲酒や喫煙の量が増えたり、過食や拒食気味になったりするなど、行動にも変化が生じます。心身へダメージを加えるような行動に向かうのです。他にも、イライラや不安などが強くなって情緒不安定になるのも考えられます。健康な状態を保てなくなってしまいます。

●ストレスのかかるライフイベント

１９６７年にアメリカの社会学者ホームズらが、５０００人の精神的に不調な患者を対象として、その原因になったストレス項目を調べて点数化しました。「社会的再適応尺度」と呼ばれています。現代のメンタルヘルスにおいても指針になっているもので、日常生活で起こる様々な変化をライフイベントとして位置づけ、どの程度のストレスがかかるのか点数化しました。

結婚に対するストレス度の50点を基準としてストレスの重い順に点数にすると、最も高かったのはパートナーの死で100点でした。次いで離婚（73点）、夫婦の別居（65点）となっています。家族の死も上位で63点です。自身にとって大切な人を失ったときには、かなりのストレスがかかると考えてよいでしょう。

大切な人を失ったときには、自分自身を責めて、後悔の念が出てくるかもしれません。ただ、あなたがパートナーを失うきっかけをつくったわけではないはずです。まったく予測もつかないところで起こった現実であるのが大半です。自分自身を責めて心身を悪くしてしまっては、失われた人も浮かばれないですね。後悔の念を抱いても相手は戻ってきませんので、現実を直視して前進するしかありません。あまりにもショックが大きすぎて食事や睡眠をとらないと、体調を悪くして病気になるリスクが高まります。

あなたの人生はまだ終わっていません。パートナーが実現できなかった想いを受け止めて、遺志を引き継いでやるべきものもあるはずです。自ら命を絶って後を追うなどと考えてはいけません。まだ生かされている命なのです。現実を受け止めて一歩一歩明日に向かって進んでいきましょう。

2　過去の思い出を味わう

●大切な人との思い出の品

大切な人が突然いなくなってしまうと、今まで一緒に過ごしてきたかけがえのない時間を振り返る余裕はありません。いなくなった直後は慌しく日々を過ごしますが、気持ちの整理がつかないいま、前に進もうとしても難しいです。過去の思い出を振り返る時間はどこかで確保しましょう。大切な人と過ごす時間はもう戻ってはきませんが、どこかで振り返らなければすっきりしません。

１人きりの静かな空間で目を閉じながら振り返ってみましょう。一緒に出掛けた場所、汗を流しながら一生懸命に取り組んだイベント、ふだんは仲がよいのにけんかしてしまったときのこと、楽しく笑って過ごした時間、記念日など、じっくりと味わいましょう。誰にも介入させない時間を味わって、大切な人やパートナーへの感謝を伝えてください。

思い出す時間をとっていて辛くなったときは、一度思い出すのを止めます。少し時間をあけてから再びゆっくりと過去を振り返る時間をとります。向き合う時間は長くても1時間ほどにしておきましょう。時間が経てば何度も過去を思い出す瞬間があると思いますが、過去を振り返る時間をかけ過ぎて他のことに手がつかない事態にならないようにします。

思い出の品はありますか？　物品や画像、動画など、形になって残っているものがあるはずです。プレゼントとしてもらった物は、どこにありますか？　指輪やペンダント、腕時計など、身につけているものもあるでしょう。大切な物は、パートナーの形見として自分の身につけてお守り代わりにしてもいいですね。映画やドラマなどを見ていると、主人公が恩人や家族の形見の品を身につけている場面が映し出されます。大切な人が傍にいて守ってくれていると考えて身につけておくといいでしょう。

パソコンやスマホに残っている思い出の画像データはどのくらいありますか？　じっくりと眺める時間をとってみましょう。昔のものや最近になって出かけたときのものなど、多くの画像が残っているかもしれません。画像の容量が大きすぎてしまうのであれば、まとめて保存しておくためのバックアップ用のハードディスクやUSBメモリなどを用意しておきましょう。

時代をさかのぼってみると、写真になって残っているものもありませんか？　画像をデータで保存するのが難しかった頃は、記念写真を撮って残していた方もいるでしょう。私の幼いときの写真は、フエルアルバムという台紙の入ったものに多く残されていました。家族と一緒に写っていた写真が大半で、なかには、大好きだった祖母と写っている写真もありました。昭和の頃の思い出の品物は、自宅の物置やトランクルームなどに置いてあるものもありそうですね。引っ張り出せそうでしたら、是非一度眺める時間をとってください。

●自分史を作成して語る

大切な人との過去の出来事について、気持ちが落ち着いてきたときに一度整理しておくのもおすすめです。企業研修では、自分の歴史を振り返るセッションを設けるときがあります。生まれてから現在までの自分史をまとめてもらいます。このときに、大切な人との時間について振り返りましょう。自分史で語るのは、気持ちが落ち着いたタイミングにするのがおすすめです。大切な人を失った直後は気持ちの整理がつかず、人に話せる心理状態ではないと推察されます。

企業研修の場面でなくても時間が経過して落ち着きを取り戻してきたときに、大切な人やパートナーとの時間を含めた自分史を作成してみましょう。保存しておいた画像などを使いながら、自分の過去について他の人に語ってみると、忘れていた時間を思い出せそうです。他の人に話しても安心、安全な場で自分史を語って、思い出をじっくりと味わってみましょう。

仲のよい友人たちと集まったときに、大切な人やパートナーとの時間について語ってもいいでしょう。心配してくれた友人たちに感謝の気持ちを示すとともに、過去について語れる時間がきたときに、友人たちと一緒になって思い出を語り合う時間をつくってみましょう。友人たちも思い出を語ってくれるかもしれません。ただ、話せる余裕がないときには無理に語る時間を設ける必要はありません。自身の気持ちを確かめながら語ってみてください。

過去の思い出を話しながら、大切な人やパートナーへの感謝の気持ちをもてるようになるといいですね。未来に向けて進めるきっかけにしましょう。

3　感情を吐き出す

●泣きたいときには泣く

大切な人やパートナーを失って気持ちの整理ができていないときに平常心を保つのは非常に難しいですね。他の人には想像できないような辛い気持ちが何度も襲ってくるでしょう。ただ、辛い、苦しい、悲しいなどの気持ちを溜めこんでいると、心身に影響が出て不安定な精神状態が続いてしまいます。平常心を保っていられる日常の生活に戻れるためには、抱えている感情をどこかで吐き出す時間は必要です。

カタルシスという言葉があります。哲学や心理学における用語で「浄化」を意味します。心のなかにたまっている淀みのような感情が解放されて浄化された状態になるのを、カタルシス効果と呼びます。感情を揺さぶられるような出来事に直面したときには、抱えてしまった感情を解き放つ必要があります。抑えこんだままだと心身に悪影響が出るのは言うまでもありません。

たとえば、悲しい気持ちになったときには涙を流す瞬間があります。長時間涙を流し続けるときもあります。私は幼い頃に「男は泣くもんじゃないぞ」などと言われましたが、現代にそのような言葉をかけるのはＮＧです。涙を我慢したために精神的に不安定になる可能性がありますし、そもそもハラスメントにかかわる点からも適切な言葉ではありません。感情が昂って涙が出るのは誰にでも十分にありえます。

感情が昂って涙を流すのは、心身のバランスを保つためにもよい行為とされています。心が和らいで落ち着きを取り戻してストレスの解消になりますし、カタルシス効果にもなります。涙を我慢せずに泣くときには泣きましょう。一通り涙を流したらハンカチで目の周りに残った涙を拭いて、前に向かって踏み出します。

注意してほしいのは、泣きすぎて日々の生活に支障が出てしまうときです。何日も泣き続けて他に何も手がつかないのは、精神的に不安定な状態が続いて心身にかえってダメージを与えてしまいます。涙を流す以外の方法でのケアを考えたほうがいいでしょう。カウンセラーなどの専門家に相談するなど、別の方法を検討しましょう。

●感情を吐き出すための行動

涙を流す以外にも、感情を吐き出すための行動はあります。周囲の状況に気遣うのが前提ですが、大きな声で叫んでみましょう。大声が外に漏れ出ない環境で思いきり大声を出します。言葉にならないような「ワーッ」という叫び声をあげる、大切な人やパートナーの名前を呼ぶなど、心のなかに残っている感情を残らず吐き出すかのように叫んでみてください。防音設備のあるようなカラオケボックスや、自分の車の中など、叫ぶ場所を決めて試してみてください。カラオケで歌うとストレス解消になると話す方がいるように、大きな声を出すと、気持ちがすっきりする効果があります。我慢していたものを一気に吐き出せるのが気持ちの安定につながります。単に叫ぶだけでも構いませんが、大きな声で歌うのもおすすめです。

また、スペインのマドリード自治大学の心理学者たちの研究によれば、紙に書いたものを破り捨てると嫌な記憶を忘れる効果があるそうです。悲しい気持ちになっている今の状態を紙に書き出して、その紙をビリビリに破ってゴミ箱に捨ててみてください。破り捨てるときにも自分のエネルギーをぶつけてみましょう。私もやったことがありますが、確かにすっきりして、嫌な気持ちを忘れてしまいました。紙を捨てる行為は、他の人がいない場所でやるのがおすすめです。捨てる姿を目にした人が、かえって心配してしまうかもしれません。１人になっている状態でやりましょう。

心身に悪影響を与える、いわゆる負の感情をずっと溜めこんでいては、次の行動に踏み出す機会すら失ってしまいます。心のなかから負の感情を解き放って、いなくなった大切な人やパートナーに心配をかけ続けないようにしましょう。それが、一緒に歩んできた人たちへの餞になるのではないかと思います。

4　片づけをする

●整理整頓をする

大切な人やパートナーは失っても簡単には忘れない存在です。記憶に留めて忘れないために思い出の品物を残しておきます。ただ、品物が多いときはすべてのものを残しておくのは現実的ではありません。使用する人がいなくなった物を後生大事に取っておいても、いずれ後始末に困るときがやってきます。タイミングを見計らって、早めに整理整頓をする必要があります。

整理と整頓の意味を確認しましょう。整理は、必要なものと不要なものを分けることです。必要のないものは思いきって処分します。一定期間使用しないものや、動かさないものも処分してしまいましょう。一定期間の目安は半年間など、あまり長くならない期間を設定します。整頓は、必要なものを使用しやすい場所に置いておくことです。使用するときにすぐに取り出せる場所に置きましょう。日常的に使うものは、視界に入るところに置いておきます。

一度決めてからは保管のルールを決め、重要な物を保管するときは管理責任者を決めておきます。重要な書類などは、保存期間の定めがありますので調べておきましょう。保存期間内に勝手に処分すると、罰則を受けてしまうので注意してください。

整理整頓は、やると決めたときにやらなければいつまで経っても始めないままに時間が過ぎてしまいます。残された家族や仲間と協力して、時間を決めて取り組みましょう。物があまりにも多いときは、1人だけでやろうとすると疲れてしまいます。片づけの専門家でもある整理収納アドバイザーの力を借りて、効率よく整理整頓ができるといいでしょう。

片づけのときに手が止まってしまうのは、思い出の品物をじっくりと見続けてしまう瞬間です。「あー、懐かしいなぁ。あのときは楽しかったなぁ」などと考え続けてしまい、そのまま手が止まってしまうのです。気づいたときには何時間も経過していた……とならないようにしましょう。思い出に浸ってしまうのを防ぐためにも、要らないものは躊躇なく処分します。

●大切な人やパートナーがいなくなった後のトラブルを防ぐために

整理整頓をしている最中にトラブルになるのは、大切な人が、生活していた場所を片づけずに、長期間放置したまま いなくなってしまったときです。最近、ゴミ屋敷や空き家の放置が問題になっていますが、大切な人の所有している場所が荒れ果てていたときには、誰かが責任をもって処分しないといけません。近隣の人たちに迷惑がかかってしまいます。所有権の関係で、残された人に片づける義務があるとは限らないので、放置されて時間が経過してしまっているのでしょう。

大切な人や近隣の人たちのためにも、勇気をもって片づける意思を表明して片づけに着手してはどうでしょうか？　1人だけでの対応が難しいときは、行政の担当者や清掃業者の力を借りて片づけるのを検討しましょう。大切な人に感謝の気持ちがあるのならば、名乗り出て片づけてほしいですね。

また、財産が残されたときは、予め誰が財産を受け継ぐのかを決めておきましょう。死が絡むときは、トラブルを防ぐために早めに遺言を遺しておきます。遺言は、自筆証書遺言、公正証書遺言、秘密証書遺言の3つの方式があります。弁護士や司法書士などの法律の専門家や信託銀行に相談しながら作成しましょう。

元気な人に対して遺言をすすめるのは気が引けるものですが、最近は終活が推奨されています。生前に財産のある場所を大切な家族には伝える人が増えているようです。終活をするために書き記すエンディングノートで、身辺整理を始めておきましょう。最近はノートだけでなくアプリも出ているようです。終活によって遺言などで財産の取り分を予め決めておけば、遺言内容に沿って財産処分が進みます。大切な人やパートナーに万が一のことがあっても、親族と揉めずに済ませるために、決められるものは早めに決めておくのをおすすめします。

財産のある場所だけでなく、ネット上のＩＤやパスワードの管理についても同様です。ＩＤとパスワードは、ログインするサイトによって変更している人もいますし、パスワードを複雑なものに設定しているときもあります。保有者がいなくなると放置されたままになってしまいます。サイトによっては、会費の支払いやクレジットカードの設定など、お金に関係するものもあるので、ＩＤやパスワードを残された家族がわかるようにしておくことをおすすめします。

大切な人やパートナーが残した物によって、残された人たち同士で争いや揉め事が起こるのは堪えられません。気持ちが落ち着いていないのに、新たな争いに巻きこまれてストレスを抱えてしまうのは辛いです。お別れが近づいてきたときには覚悟を決めて、やれることを粛々と進めましょう。

5　仲間のいる場所に出かける

●旧知の仲間に会う

夜、誰もいなくなった部屋に1人でいるのは心細いものです。静かな場所は物音1つせずにシーンとしています。昔はパートナーがいたのに……思い出すとまた涙があふれてきます。時間が経過すれば1人の生活も慣れると思っていても、思い出すと辛くなります。日中は日が照って明るくなりますし、やることがあって街に出かければ人もいるので気が紛れます。暗くなってから帰宅して、出迎えてくれる人がいないと寂しさが募ります。

寂しくなったときは早めに仲間に会う時間をとりましょう。旧知の仲間と話す機会はありましたか？　しばらく会っていない仲間がいれば連絡をとってみてください。もちろん、連絡先がわかっているのが前提です。メールやＳＮＳ、電話など、連絡をとる手段はいくらでもあります。電話をかけると迷惑になってしまいそうであれば、メールやＬＩＮＥ、Facebookのダイレクトメッセージなどで連絡をとってみましょう。返信があったらどこかで会う機会をつくってみてはどうでしょうか？

現在は住んでいる場所が離れていても、Zoomなどのオンライン会議ツールを使って表情を見ながら会話ができます。お酒を片手に、オンラインで懐かしい仲間と語る時間で気持ちが紛れるといいですね。オンラインではなく、実際に同じ空間で出会える機会があってもいいです。喫茶店、食堂、居酒屋など、気ままに仲間と語れる場所で楽しみましょう。旧知の友人であれば、昔の思い出話をしていると、笑顔になれそうです。昔、遊んだときなどを思い出しながら楽しく語れる時間があるとよい気晴らしになります。

同窓会の場面や、部活動や大学のサークル、ゼミなどのＯＢＯＧ会の場面で、昔の話が尽きないくらいに楽しめるのは、仲間の存在のありがたみを感じる瞬間だからです。当時は辛かった、苦しかった、けんかばかりしたなどの出来事も、今は楽しく話せるネタになっていれば、再び仲間に出会えてよかったと心から思えます。学生の頃に戻ったような気持ちになって時間を忘れるくらいに仲間と話しこみ、寂しい気持ちを紛らしてしまいましょう。

●サードプレイスに出かける

辛い気持ちを紛らわすために、サードプレイスの場に出かけるのもよい方法です。サードプレイスとは、職場でも家庭でもない第三の場を指します。アメリカの社会学者、レイ・オルデンバーグ氏の提唱した「場所」についての考え方です。まさに居場所の1つを表すといっても過言ではありません。第三の場は居心地のよい場所として考えられており、都会のあちこちに見かけるスターバックスコーヒーやタリーズコーヒーなどのカフェは、サードプレイスの代表格です。物理的な場所に限らず、同じ想いをもった人たちがつながる出会いの場所としての意味も含みます。

私は、東京に住んでいたころにサードプレイスに参加していました。東京を中心に展開する「サードプレイス・ラボ」と呼ばれる場で、仕事や人生に役立つ話題を提供してくださる方々とつながりました。出かけてみると、会社での日々の辛さや閉塞感が吹き飛びました。月に一度集まる場で、これからも頑張ろうと、決意を新たに進むきっかけをいただいたものです。元気づけられるだけでなく、仲間からの応援や紹介によってステップアップを果たした人が何人もいました。

緩いつながりでありながら、今でも「サードプレイス・ラボ」で知り合った方々とはSNSでつながっています。サードプレイス・ラボが毎週1回配信するメルマガに、月1回のペースで寄稿の機会もいただいており、つながっている感覚を維持できています。静岡にいてもオンラインでつながれるので、遠い世界の人たちになってしまった感覚はありません。サードプレイスで応援してくれる人や共感してくれる人がいると、未来を生きるパワーの源になります。

1人で塞ぎこんでいる時期は長く引っ張らずに、未来に目を向けて新しい仲間との出会いの場を探しに出かけてみませんか？　オンラインでもつながりやすくなりましたし、スマホでどこにいてもつながる時代です。結束力が強くない、緩くて気軽に関われるつながりも増えています。サードプレイスは、想いの方向性が同じであっても、その場の人と強くつながろうとして肩の力を入れる必要はありません。サードプレイスに参加するために、年会費などを支払う必要のないつながりも多くあります。リラックスして、仲間との出会いを楽しんでください。

6　話を聴いてもらう

●呼び方で変わる親密な関係

新しく仲間になった人とは、お互いにコミュニケーションをとる時間を重ねていきます。出会う回数が増えると、少しずつお互いの理解が進みます。出会う頻度と相手への印象の強さのかけ合わせによって、相手とのつながりが強くなります。自然に名前を出してお互いを呼び合う仲間になると親密度はさらに高まります。

たとえば、挨拶では「増田さん、おはようございます」「増田さん、いつもありがとうね」の要領で、相手の名前を入れます。また、ふだんの会話であれば、「増田さんの話してくれたように……」「増田さん、私の考え方についてはどう思いましたか？」と、名前を入れて話してくれたり、呼びかけてくれたりすると、相手との距離感は近くなります。会話で名前を入れてもらうためには、出会って会話をする回数を重ねる必要があります。

ニックネームでお互いを呼び合うのも親密度が高まります。私は、仕事以外の集まりに参加するときには、「まっすう」というニックネームを多く使います。苗字に親しみやすさを加えたようなニックネームですが、「まっすう」と呼ばれると、ふだんの私とは違う人格になった気がします。肩の力が抜けてリラックスできる感覚がありますし、堅苦しさのない状態でコミュニケーションをとれます。重苦しいものを背負っているときにニックネームで呼ばれると、重苦しさを吹き飛ばしてもらう感覚になります。硬さのない、素の自分でいられるような、不思議な感覚です。自身のニックネーム、昔呼ばれていたあだ名でも構わないので決めておくのをおすすめします。

●話を聴いてもらってすっきりする

出会った仲間とリラックスした状態でかかわると、いろいろな話ができてお互いの理解が深まります。今まで相手に話したことがなかった内容も、心のなかのブロックを解放して気ままに話せる状態になります。思いきって悩みや不安も打ち明けても、しっかりと聴いて受け止めてもらえるかもしれません。

なかなか打ち明けられなかった気持ちを仲間に聴いてもらいましょう。単に音を聞くように聞いてもらうのではなく、感情も含めて聴いてもらえるとうれしいですね。「そうか、大変だったね」「ほんとに辛かったね、今までよくがんばったね」などと言われると、思わず涙が出てしまいそうになります。涙が出るくらいに感情を解放できる仲間に聴いてもらうと、まだまだ未来は捨てたものではないと思えて、一歩前に踏み出す勇気をもてそうです。

新しい仲間にすぐに巡りあえなくても、話をじっくりと聴いてくれる知人がいると心強いです。たとえば、バーのマスターや、スナックのママ、小料理屋の女将といった、お酒を提供するお店で話を聴いてくれる人たちです。接客をしながらお客様の話に耳を傾けてくれます。お酒の力が入るとはいえ、今まで誰にも話せなかったことを話してもしっかりと受け止めてもらえるでしょう。行きつけのお店のある人は、お店に行って話を聴いてもらってはいかがでしょうか？　ただし、お酒に依存しすぎると満足に話ができなくなってしまうので、お酒に頼りすぎてしまう人は酒量を控えめにしてくださいね。

一方で、まったく知らない人に話を聴いてもらう選択肢もあります。カウンセラーなどの話を聴く専門家を頼る方法があります。公認心理師やカウンセラーなどの専門家は、話を聴くトレーニングを積み重ねてきています。事前に話す内容を整理していなくても、相手の話をしっかりと聴いてくれます。抱えている問題を解決するための支援もしてくれるでしょう。無料で専門家に話を聴いてもらう方法がありますので、活用してみてください。

厚生労働省の働く人のメンタルヘルスポータルサイト、「こころの耳」では、相談窓口案内が掲載されています。働く人の「こころの耳相談」では、電話、ＳＮＳ、メールでの相談を承っていま

【図表9　相談窓口一覧】

●働く人のメンタルヘルス・ポータルサイト「こころの耳」
https://kokoro.mhlw.go.jp/

●働く人こころの耳電話相談
0120-565-455（フリーダイヤル）
月曜日・火曜日 17:00～22:00 ／ 土曜日・日曜日 10:00～16:00
（祝日、年末年始はのぞく）

●よりそいホットライン【24時間対応】
0120-279-338（フリーダイヤル）

0120-279-226（岩手・宮城・福島からおかけになる場合）

す。

また、「こころの耳」のなかでは各種相談窓口も掲載されていて、仕事、キャリア、生活、こころの健康にかかわる相談窓口や、「自殺を考えるほどつらい方」、「ご家族を自死で亡くされた方」向けの相談窓口として「よりそいホットライン」などが紹介されています。電話、メールなどさまざまな方法で承っているので、相談されたい方は「こころの耳」を一度ご覧になるのをおすすめします。受付時間が限定されているものもあるので確認してください。守秘義務がありますので、第三者でも安心して話せます。

苦しくなりすぎてしまう前に、一度連絡をとってみてはどうでしょうか？

7　仕事や趣味に没頭する

●時間を忘れて楽しめる趣味

辛い気持ちを断ち切るために、１つの事柄に没頭する方法があります。　時間が経つのを忘れるほどのめりこめるものがありますか？　今まで、生活に支障が出るから遠慮していた取り組みや、他にやることがあったからあきらめていた取り組みなどを再び始めてみるのも、気分を変えるためにはよいかもしれません。

私は、戦国武将を扱った歴史シミュレーションゲームが高校生の頃から大好きでした。日本の歴史が好きでゲームで歴史に触れられるのが最高でした。ゲームを始めると気づいたら2～3時間はあっという間に経過していて、「勉強しなさい」と親に叱られてしまうこともありました。ゲームをしているときは、他の事柄を全く忘れているほどのめりこんでいました。

私自身、集中力のない人間だと自覚していますが、ゲームをやっているときは例外で、気づいたら何時間も経っていたのです。歴史シミュレーションゲームに限らず、ファミコンやパソコンゲーム全般が好きで、ついやり過ぎてしまって、親にゲーム禁止を通告される事態になったときもありました。ただ、のめりこめるような趣味をもつのは、気分転換のためには必要です。没頭できる趣味によって大切な人を失った悲しみを忘れられる時間ができるとしたら必要なのかもしれません。

同じ趣味をもった人たちが集まる場は、オンラインでのつながりが一般化したために立ち上げやすくなりました。趣味の集まりもサードプレイスの一種ですね。同じ趣味をもった人たち同士での話を聴いていると、内容に全くついていけません。話に入りこめている人たちにとっては最高の時間を過ごせているでしょう。発言をしていなくても、その趣味に触れられる場のなかにいるだけで時間を忘れるほど楽しめる人もいるでしょう。

オンライン上では会員制サロンの数も多いです。サロンの運営者に憧れて加わった人にとっては、サロン内で交流を楽しむのは最高の時間となります。サロンのなかで積極的に話をしなくても、同じ場にいて呼吸をしているだけで楽しめる人もいるでしょう。知らないうちにかなりの時間が経過している場合もありますね。気分転換を図るために、お気に入りのオンラインサロンを見つけて、他の人との交流を楽しんでみるのもいいかもしれませんね。

●没頭して悲しみを忘れる

最近は将棋の藤井聡太さんの強さが目立っています。将棋の対局を見るために公開された会場に集まって、将棋の対局の生放送の場を見守っている人たちも多く見られます。将棋の対局は朝から夜まで続きます。日を跨いでおこなう対局もあるほどです。対局が終わるまでに会場にいる人は、生きている時間のすべてを将棋に注ぎこんでいるように思います。すごいパワーですね。

趣味に打ちこむのは、気分転換にはなるものの依存し過ぎないように注意してください。趣味のせいで生活が破綻してしまっては本末転倒です。時間やお金をかけ過ぎて生活が成り立たなくなるのも注意です。お金をつぎこんでしまって、生活維持への不安が新たに生じてしまわないように注意してください。

趣味だけでなく仕事に没頭して悲しみを振り払うのも有効です。現在、我を忘れるほどにのめりこめる仕事をしていますか？　心から動機づけられる仕事をしていますか？　やればやるほど成長を実感できる、世の中に貢献できている、新しい視点が身につくなど、心の底から仕事に打ちこめる強い動機があって続けているのであれば、大切な人を失っても乗り越えていけるはずです。

仕事の目的をもう一度考えてみてください。今の仕事は、お金を稼ぎたいから続けているのでしょうか？　自分の成長のために続けていますか？　それとも、後世にあなたの名前を残したいから続けていますか？　お金を稼ぐのが唯一の目的であれば、給料のよい仕事であれば何でもいいとなってしまいます。仮に仕事を変えても、思ったよりも給料が低ければ不満を抱えてすぐに辞めてしまうかもしれません。自分の成長のために続けているのであれば、知識や技能を一通り身につけてしまうと満足して、さらなる成長のために進み続けるでしょう。状況次第で仕事を再び変えるかもしれません。

後世に名前を残したい目的であれば、給料に不満があったとしても、目的を叶える可能性のある仕事を続けたいと考えるでしょう。簡単には投げ出さない、あきらめないで没頭できる仕事になりえます。辛くて悲しい出来事があっても、時間の経過を忘れてしまうほど仕事に没頭すれば気持ちを鎮められるでしょう。仕事で名前を残すほどの活躍をすれば、見えないところでパートナーは喜んでくれるかもしれません。

目的を確認してから仕事に没頭して取り組み、未来に希望をもって進むきっかけをつかんでください。

改めて問いかけます。あなたの仕事の目的は何ですか？

8　新しい夢を描く

●ビジョンと中間目標を描く

大切な人やパートナーを失って、いつまでも泣いてばかりはいられません。気持ちに区切りをつけて前を向いて進んでいかなければなりません。さあ、あなたはどの方向を目指して進みますか？

気持ちを切り替えて前進するために進む方向を決めましょう。方向を決めるために、自身のビジョンを考えて示します。目的地がわからなくて進もうとしてもたどり着けないように、何も見えないなかで進もうとしても、なかなか一歩踏み出せません。漠然とでも構わないので自身のビジョンを描きましょう。ビジョンを描くときは、数年後にどのようになっていたいのかを考えます。

5年後でも10年後でも特に限定はしませんが、少し遠めの未来を設定します。未来で活躍しているときの表情、感情、場所、周囲の人たち、評判など、イメージを膨らませていきます。未来の姿を描きながらニコニコしてしまうくらいの気持ちで取り組みましょう。文字で表現しても、絵を描いてみてもいいです。好きな表現方法を用いて描いてみてください。

描いたビジョンを実現するためには中間目標をもつのが望ましいです。たとえば、富士山の頂上を目指して一気にかけあがろうとすると、けがをしたり、高山病にかかったりするかもしれません。頂上を目指す前に、登山ルートの途上にある山小屋や中腹の五合目を目指します。

遠い先の未来だけを考えてしまうと、今の自分自身との差があまりにも大きすぎて、何も行動できなくなってしまって、絶望的な気持ちが増してしまうかもしれません。途中の目標を決めて行動しましょう。5年後や10年後のビジョン実現を目指すのと合わせて、半年後や1年後の目標を決めます。半年後や1年後の目標は、遠い未来よりも手が届きやすく具体的な内容にします。

たとえば、必要な知識を獲得する、資格を取得する、人のつながりをつくる、行ったことの場所に出かける、完成前の試作品をつくるなど、未来のために必要と思われる内容を中間目標に盛りこんでみましょう。

夢や中間目標は目に見える場所に掲示しておくのがおすすめです。パソコンのデスクトップ、スマホの待ち受け画面、家の壁などが考えられますが、おすすめは家の玄関の扉の内側です。玄関は外出するときに通る場所です。扉を開ける前に必然的に目に入るようにしておくと忘れません。心理学上の単純接触効果では、ある物を複数回目にして接触を続けると、興味や好意をもつといわれます。家の玄関はまさに単純接触効果を活かせる場所です。ほかにも夢や目標を忘れないような工夫をとりいれてみてください。

●ビジョンを周囲に語る

ビジョンを実現するためには、周囲に語る方法も有効です。心の奥底に閉まったまま秘密にしていては、秘密のままで終わってしまいます。周囲にいきいきとビジョンを語る姿を見た人たちはどのように感じるのでしょうか？　ビジョンとして掲げた壮大な夢のために生きている人たちを見ると、応援する気持ちが芽生えてきて、なかには援助を申し出る人たちも出てきます。ものやお金で援助する人もいれば、新しい仲間を紹介する、活動するための場所を提供する人も出てくるかもしれません。

目に見える形で援助ができなくても、応援のために発信をしてくれる人も出てきます。発信者のなかにインフルエンサーと呼ばれる影響力の強い人たちがいると、ＳＮＳを通して一気に拡散します。応援の証としてあなたのビジョンをシェアしてくれるのです。ＳＮＳのフォロワーの多い人の応援で、さらに応援の輪が広がると、予想をはるかに超える大きな力になりえます。まったく見ず知らずの人からも応援してもらえるのです。孤独になっていた人にとっては人生大逆転のようなことが起こるかもしれませんね。

ビジョン実現に向けて活動している人の話を聴いてみるのも効果的です。夢を見る前は将来への見通しが全く立たず、とても辛い日々を送った人もいるはずです。また、ビジョンを実現するために目標を定めて、ひたすら行動し続けて充実した人生を送っている方もいます。まったく同じように行動できなくても、参考になる、励みになるポイントがあるはずです。詳しく聴いてみるのが最も効果的です。聴いてみるときには、是非自分のビジョンを堂々と語ってください。

相手の話を聴く前に、相手からあなたのビジョンに共感してもらえると、心を開いていろいろなことを教えてくれるはずです。描いたビジョンを周囲に語っていくと、実現への道が開けますね。。

●ビジョンは柔軟に描き直しても構わない

ビジョンを描いて行動を開始すると、違和感を抱くときがあるかもしれません。ビジョンを描き直すのを検討してみましょう。

心理学者のクランボルツ氏が提唱した考え方で、「計画された偶発性理論」があります。ビジョンを描いて行動していても、予期しなかった偶然の出来事によって自身の進む方向が大きく変わってしまうときがあるのを示した考え方です。描いたビジョンにこだわりすぎると、目の前にやってきた大きなチャンスを逃してしまうかもしれないのです。

クランボルツ氏は、のぞましいキャリアを築いていくために、次の5つのスキルをもつとよいと述べています。

・好奇心（Curiosity）新しい事柄に興味を持ち続ける
・持続性（Persistence）あきらめないで努力する
・楽観性（Optimism）ポジティブに考える
・柔軟性（Flexibility）柔軟な姿勢をもつ
・冒険心（Risk taking）結果を恐れずに挑戦する

目の前に偶然訪れたチャンスに挑みたいと考えたときは、新たにビジョンを描き直しましょう。大切な人やパートナーも、あなたに向かって微笑みながら「あなたの選んだ道なのだから頑張って！」と言ってくるはずですよ。

第6章　自分が拠り所としている立場を失ったとき
～再起のためのヒント～

1　永久に立場は保証されないものと考える

●権力をもっても油断はできない

拠り所としている立場を失ったときの衝撃は計り知れません。突然やってくるものだからです。ある程度予想ができたとすれば、事前に対策は打てるはずです。立場を失うときは、あっけないものなのです。立場とは、組織の長などの職位や、プロジェクトのリーダー、委員会の長などを指します。組織やチームの運営、戦略策定、意思決定、人材育成、課題解決などで、さまざまな権限をもち、責任を負っている人たちをイメージしてください。

組織内の人事異動で、何かの肩書をもっていた人が突然いなくなるのはよくあります。異動の理由が、今までの仕事ぶりの評価されたためなど、喜ばしい内容であれば納得できる人事異動です。一方で、異動の理由が不可解なものだとすれば、周囲から冷ややかに見られるかもしれません。業績の悪化や不祥事、組織の再構築など、ネガティブな理由での人事異動はありうるものです。該当者がすんなりと受け容れるかどうかは別ですが。ただ、理由のわからない異動であって、実質的に組織の中枢から遠ざけられたとしたら、とても悔しいですし、到底納得がいかないでしょう。

会社には永久に保証されている立場はありません。たとえば経営者の場合、業績悪化の責任をとっての辞任や、最近問題視されるパワハラやセクハラの疑いをかけられての辞任など、いつどこで自身の立場を失うのかわかりません。数年前に世間を賑わせた、某老舗家具販売会社の親子の争いで見られたように、経営陣同士の争いによって立場を追われてしまうケースもあります。一定の権限をもった立場になったからといって、気を緩めてはいけません。

会社にはさまざまな考え方、価値観をもっている人たちがいます。最近は、多様性の尊重を重視している風潮があります。組織の上位者が自身の考え方を押しつけようとすると、周囲から「パワハラをした」と疑いをかけられて、立場を失ってしまう可能性が高まります。昔の独裁者のように、力でねじ伏せようとしてもうまくいきません。

昔の独裁者を見ると、部下からクーデターを起こされて権力を失い、悲劇の最後を遂げているケースが目立ちます。日本の戦国時代でいえば織田信長です。天下統一に最も近い位置にいましたが、家臣の明智光秀によって本能寺の変で殺されてしまったのは有名な出来事です。その後を引き継いで天下を統一した豊臣秀吉も、秀吉の病死から十数年後に徳川家康によって豊臣一族は滅ぼされました。自分の力を誇示して周りを遠ざけた人たちは、いつまでも安泰ではないのです。

●立場関係なく進化続ける姿勢が大切

会社内で、優秀な成果を出した社員が出てくると、社長の判断によって、今までマネジメントを担っていた社員（管理職）が、その役職を譲るように命じられる可能性があります。近年は、役職定年制度を導入している企業が多くなってきました。ある一定の年齢に達すると、今まで就いていた役職を返上します。その後、別の役職者の部下になって会社に残ると、かつての部下が上司になっている現象も珍しくはありません。会社の制度上仕方ないとはいえ、感情的には納得できなくて退職してしまう従業員もいるようです。

一度就いた役職は、永久に保証されたものではありません。社会の変化が激しい時代になると、その変化に対応できる能力をもった人が重宝されるのは当然です。新しい立場を担えばどこかで譲るタイミングがやってきます。そのタイミングを恐れるのではなく、周囲の変化を見て自分自身も進化し続けていこうとする姿勢が必要です。

私は、父親（70代）と同じくらいの年齢の方と一緒に仕事をする機会が何度もありました。研修講師やコンサルタントとして第一線で活躍している人たちは、新しい知識の吸収に対して貪欲です。たとえば、数年前の新型コロナウイルス感染症の拡大した時期。従来の集合型研修の実施が困難になって、オンライン型研修へ移行しました。Zoomやteamsなどのオンライン会議ツールを使いこなすために使い方を学ぶ人たちが多くいました。キャリア数十年のベテランコンサルタントの方ほど、ツールを使いこなせるように一生懸命学んでいた姿は記憶に新しいです。

ある経営者団体の定例会では、新型コロナの拡大によってオンライン化を余儀なくされました。とある地域の80代の経営者の方は、Zoomの使い方を意欲的に学び、「これは覚えると楽しい！」と、うれしそうにおっしゃっていたそうです。ＩＴツールの利用に抵抗をもつ中高年層の方が多いなかで、積極的に学ばれている方もいらっしゃったのです。社会を揺るがす大きな変化を踏まえて行動する人は、年齢に関係なく活躍し続けています。

社会の大きな変化に対応して行動できなければ、今まで築いてきた立場をあっという間に追われてしまいます。立場に安住せずに必要な学びは継続し、変化に対応して自ら変わっていく姿勢を周囲に示していきましょう。

2　居場所を変える

●「変える」宣言をする

組織内で今までの立場を失ったときに、気持ちを切り替えてそのまま残って活動する選択をする人はいると思います。「もうやっていられない！」と思って、組織から離れようとしても簡単にできないとなると、残って活動し続けるための対策を考えます。活動し続けるためのヒントは、「変える」です。目の前の景色を変える、考え方を変えるなど、変えて対応できそうなところから着手してみましょう。

目の前に見える景色を変えてみましょう。目の前の景色を何も変えずに仕事を続けると、立場を失うまでの出来事が思い出されて、気持ちが乱れてしまうかもしれません。職場で席替えをおこなって、目の前の景色を変える提案をしてもいいでしょう。フリーアドレス制の事業所であれば、いつも座っていた席から変えてみてもＯＫです。座席の変更が難しいときは、机上の物の置き場を変えて今までとは異なる景色に変えます。机上のレイアウト変更、新しい物を置くなど、変化を意識した活動を実行しましょう。

また、役職やリーダーなどの立場がなくなったのを契機に、可能であれば働き方の変化を検討してみましょう。「働く場所を変える宣言」を周囲にしてみませんか？　肩の荷が下りるのをきっかけにして、周囲のメンバーに仕事を委ねるための変化を起こします。周囲に発信して、対応してもらうための準備を促します。

「働く場所を変える宣言」、だけでなく、「働き方を変える宣言」を出してみてはどうでしょうか？　雇用形態が変われば出退勤の時刻も変わるでしょう。少し短めの時間の勤務にしてもらうのが可能ならば、勤務時間を減らす申出をしてもいいでしょう。労働条件が変われば、給料に変化は出るので、生活費確保の観点からは慎重に判断する必要があります。

●他の職場や地域への移動

立場を失ったのを1つのタイミングとして、今まで働いていた組織を離れる決断をするのも十分にありえます。出向、転職、起業、リタイアしてのんびり過ごすなど。今まで属した組織を離れて、別の組織で次のキャリアを積み上げる選択も考えられます。働く場所を変えるのは、簡単にできる決断ではありません。気持ちに迷いのない状態にしてから進みましょう。立場だけでなく自分の居場所が変わりますので、馴染むのに苦労するかもしれません。新たな居場所で何が起こるのかはわからないために、不安になってしまうのも十分に考えられます。

居場所を変えた後で心がけることは、周りの人たちが近寄って話しかけてくれそうな姿勢で仕事に臨む点です。笑顔、明るさなど、周りの人たちが好印象をもてるようにします。新しい事柄を教えてもらったときなどは、感謝の言葉を伝えます。「ありがとうございます」の言葉はもちろんですが、ありがとうの気持ちをこめた言葉の使い方を心がけるとさらによいです。

「ありがとうございます、教えてもらって助かりました」

「ありがとうございます、勉強になりました」

「ありがとうございます、うれしいです」

など、ありがとうの言葉の後に、感謝の気持ちをこめて他の言葉を伝えてください。感謝の気持ちが相手に伝われば歓迎の姿勢を示してくれますね。

テレワークなど、ふだんから職場のメンバーと離れて仕事をする環境にある人は、自分の気持ちを落ち着けるために生活する場所を変えてみましょう。家族がいる場合は、単身で生活する場所を新しく設けてみてはどうでしょうか？　家族の理解があれば可能でしょう。

大きな変化を求めたい場合は、思いきって他の地域への移住も検討してみませんか？　地方への移住は、多くの自治体が地方創生の一環で力を入れ始めています。移住を促進するために、移住者への優遇施策を打ち出している自治体もあります。自治体の事情や地方創生にかかわる考え方を理解したうえで、どの地域で暮らすのか決めるのをおすすめします。

東京・有楽町の交通会館ビルに、認定NPO法人ふるさと回帰支援センターが運営する、移住や仕事に関する相談窓口があります。44都道府県、1政令市の窓口があって相談員が常駐しています。

事前予約は必要ですが、無料で相談を承っています。資料の受取のみでも対応してくれるので、活用してみてはどうでしょうか？　移住となると、大がかりなものになりますが、不安もしっかりと受け止めてくれますので、相談してみる価値はありますよ。

3　大切な人に頼る

●頼れる人はいますか？

組織内外で複数の人たちと仕事をしてきたのであれば、どなたか味方になってくれる人はいませんか？　支援をしてくれる人はいませんか？

知り合った人たちのなかで頼れそうな人がいれば、思いきって相談してみましょう。受け取った名刺や資料などを探してみると、相談できそうな人がいるかもしれません。人脈を築いてきた活動の成果が問われますね。

仕事で長年一緒にやってきた人たち。長期間のプロジェクトで、コミュニケーションをとりながら最後までやりきった同僚や組織外部のパートナーの人たち。お互いによく知っている間柄であれば、手助けになるような情報を提供してくれるでしょう。なかには、「一緒にやろうか」と誘ってくる人もいるかもしれません。知り合いであっても、相手の理念やこだわり、熱意などを聴いたうえで、一緒にやるかどうかの判断は必要です。冷静さを失って、勢いで飛びつくように決めてもうまくいかない可能性は高いです。

人に頼る場合でも、お互いの理念や価値観、ミッション、ビジョン、熱意、取り組みたいことなどはよく話し合いましょう。過去に社会起業のプロジェクトで仲間と1年近くの間取り組んだときは、いきなりプロジェクトの内容に入らずに、お互いの志や考えを共有しあう時間を何度もとりました。

一度立場を失っているときには、一緒に取り組む仲間とはお互いの考えていることや大切にしていることを、時間をかけて共有しあうくらいの慎重さは必要です。

メンターとなる人に意見を求める方法もあります。メンターとは、心の支えになって相談や助言をしてくれる人を指します。今までの人生でメンターとなる人に巡りあえましたか？　たとえば、学校に通っていた頃にお世話になった先生や教授などです。以前勤務していた会社の上司、何か習い事に通っていたときの講師などもメンターといえる方がいます。人生を歩む過程で貴重な助言をしてもらったのを思い出してみてください。社会で生きていくための心構えを教えてくれた人もいるはずです。

メンターからの助言で立ち直るきっかけをつかみたいのであれば、一度連絡をとって意見を求めてみてはいかがでしょうか？

●会社の外にも頼れる人はいる

立場を失ったときに他の人に頼るのは決して恥ずかしくはありません。恥をしのんで、プライドが傷つきそうであっても、背に腹は代えられないと思って頼ればいいのです。同じ会社で頼る人がいなくて孤立しているのであれば、会社の外の人に頼ってみましょう。経営者や管理職など、組織の上層部で活躍してきた方々は、社内競争を乗り越えてきて、心から頼れる人がいなくなった人もいるでしょう。会社の外に目を向けて、同じような立場の人がいる組織や集団で頼れそうな人を探してみましょう。

たとえば、経営者や管理職層の方々が集まる団体に加入していれば、同じ悩みをもったことがある人も少なくありません。経営者協会や商工会議所、商工会、法人会、中小企業家同友会、事業協同組合などのメンバーで頼れそうな人がいませんか？　会社で同じ種類の悩みを抱えたことがあって、今は解決していきいきと活動している方もいるでしょう。思いきって話してみると、貴重な意見をもらえるかもしれません。

仕事以外の場面で集まる仲間、たとえば共通の趣味で集まる仲間に話してみてもいいでしょう。解決策を出してもらおう、などといった過度な期待は不要です。話しているうちに一歩を踏み出すきっかけを自分でつかめればラッキーです。話をしながら自分の考えや方向性が固まってくるときもあります。

第5章の5「仲間のいる場所に出かける」で紹介した、サードプレイスの仲間に相談するのも1

つの手段です。ふだんは緩いつながりですが、相談してみるとよいアドバイスをもらえるかもしれません。あなたの仕事のことを詳しく知らない、まっさらな状態でのアドバイスは貴重なものですね。

最後の砦は家族です。家族はずっと見てくれている存在です。生まれてから、結婚してから……長い年月を共にしているから、ふだんは何も言わずとも、ピンチになったときには大きな励みになる存在でもあります。親はいつまでたっても子どもは子ども、といいます。子どもの存在がかわいいのです。親に心配をかけてはいけない気持ちがあるのはわかります。本当に困ったときには思いきって親に援助を求めてみるのも、生き抜くための行動として考えてみてください。親に頼るのに勇気がいるときは、親戚や兄弟などに援助を求めるのは可能ですか？　大きな問題にしたくないときには控えたほうがいいですが、親族に頼るのも選択肢の１つです。

パートナーに対しても同じです。お互いに干渉しない領域があっても、いつも近くにいて見守ってくれています。自分の感情を遠慮なくぶつけて話せる存在がパートナーであれば、こんなに心強いことはないですね。親と同じように、ふだんは何も口出しせずに見ていても、パートナーの何気ない一言がきっかけで次の行動に踏み出せる瞬間も出てくるでしょう。同じ屋根の下で暮らす家族に頼って、一歩を踏み出すきっかけをつかんでください。

大切だと思って今まで接してきた人たちが、人生最大のピンチに陥ったときに強力な味方になってくれるのであれば、精神的に励みになって一歩を踏み出すきっかけをつかめそうですね。

4　復活のために準備する

●復活後の将来を見据えた計画を立てる

立場を失って悔しいけれど、何もしないままでいいのでしょうか？　復活するために準備する方法を考えましょう。復活してどのような状態になるのを目指すのか？　第5章の「8　新しい夢を描く」を参考にして、復活後の将来を描きましょう。実現できるかどうかにこだわる必要はありません。想像をありえないくらいに膨らませて描きます。復活跡の姿がなかなかイメージできないときは、次の質問を参考にしてください。

・どのような場所にいるか？
・どのような人と一緒にいるのか？
・何を身につけた状態なのか？
・どのような物を使っているのか？
・どのくらいの資産を手に入れているのか？
・どのような表情なのか？

復活後の将来を描いた後は、将来にたどり着くまでにどのような行動をするのか計画を立てます。計画を立てるときに注意するのは、振り返りのできる内容にする点です。ＰＤＣＡサイクルを回して物事を推進するといいますが、せっかく計画を立てても、ＰＤＣＡサイクルが機能しない状態に陥らないようにしましょう。

計画を立てて実行、すなわちＰＤと進んでも、振り返りができないのです。曖昧な計画を立ててしまって振り返りができなくなっている可能性があります。基準となる計画がわかりやすいものでないと振り返りはできません。

振り返りができる計画にするためには、具体性や客観性のある計画にする必要があります。数字は人格を持たない客観的なものであり、事実に基づいた振り返りをするために必要なものです。たとえば、「12月31日までに依頼された書類を作成する」と計画を立てた場合には、「12月31日」までにどの程度作成ができたのかを振り返るのが可能です。「どの程度」の部分を数値化する場合は、書類の枚数、作成できた割合（％）などで数値化して振り返りができます。

また、「〇〇ができるようになる」のように、数値化されていなくても、計画して実行する前後の差を明確にするのもおすすめです。計画を立てるときに、前後の状態について他の人と共通認識をもつようにしましょう。認識がずれてしまうと、振り返るときに何を基準にしていいのかわからなくなってしまい、適切な振り返りができなくなるので注意してください。

●復活に向けた資金集め

計画を立てるのと同時並行で、計画に沿った行動をするために必要な資源を準備しておきます。

お金をかけて準備しなければならないものがあるときは、まとまった資金の準備が必要です。資金を集める前に、何のために必要な資金なのか目的を決めます。目的がないままに資金を集めようとしても、望み通りの資金が集まりません。十分な資金を集めるためにも、使用目的の明確化は欠かせません。

金融機関などから融資を受けるのを検討してもよいでしょう。融資を利用する場合は、使用目的を明確にするのはもちろんですが、今までの利用実績を確認し、返済計画を立ててから融資の相談をしましょう。なお、資金集めの方法は、第4章の8「無駄遣いをなくす」でも紹介していますので参考にしてください。

目的を明確にした後に、他の人からの支援を仰ぐ方法もあります。最近、資金集めで用いる手段の1つがクラウドファンディングです。クラウドファンディングは、社会貢献や地域活性などで活用されるケースが多いですが、再起を図る行動に共感した人たちに寄付を募る方法を検討しましょう。再起を図るときに、社会や地域のために取り組む活動に力を入れる場合には、寄付を活用するだけの価値はあります。READY FOR（レディーフォー）、CAMPFIRE（キャンプファイアー）、Makuake（マクアケ）など、寄附型のクラウドファンディングの方法を教えてくれる会社が支援をしてくれます。クラウドファンディングは簡単な方法ではありませんが、挑戦してみるのも一案です。多くの人たちから応援してもらえれば、復活後の取り組みが軌道にのりやすくなるかもしれません。

復活に向けての準備は、十分に計画を立てておこないましょう。「段取りが9割」「準備で8割決まる」と言われるほどに大事です。足りないものは何か、活かせるものは何か。考えられるものすべてを総動員し、復活を果たすために進みましょう。

5　心身の治療をする

●自律神経失調症で休職した私

心身の不調が影響して、拠り所としている立場を失ってしまった方がいると思います。私は、自律神経失調症を発症し、自ら課長職を降りた経験があります。発症したときは、将来を考えると不安になって、このままの立場で仕事を続けようという気持ちがなくなりました。無気力状態になってしまい、立ち上がるのすら難しかったのを今でもはっきりと覚えています。心療内科を受診したところ、休養が必要との診断を受けて休職しました。同じ部署、立場で仕事をするのが無理だと感じたため、異動して課長職から外れるのを条件に当時の就業先に残りました。

復職後は、定時での出退社を条件に勤務を続け、取り組みたかった業務を担うことができ、回復につながりました。課長という立場を失ったものの、我慢をして続けなかったために、大きな病気にならずに済みました。

心身の異常を示す兆候に気づいたときには、無理をしてはいけません。頭やのどが痛い、耳鳴りがする、鼻水が止まらない、お腹が痛い、だるいなど、ふだんと異なる状況だと認識したときに無理をし続けるとさらに悪化します。おかしいと思ったときは、早めに就寝して体を休めましょう。体を温めて、よく眠って疲れをとります。休んでも回復しないときは、早めにかかりつけ医を受診するのをおすすめします。

かかりつけ医でも原因がわからず、気持ちが優れないときには心療内科を受診するのを検討してください。心療内科の主治医や臨床心理士の方に自分の気持ちを話して、心をほぐすようにしてください。

私は、自律神経失調症を発症して心療内科に通院していたときに、臨床心理士のカウンセリングを受けました。職場で疲れていたときの様子を思い出しながら、気持ちを隠さずに素直に吐き出し続けました。臨床心理士の方は、あいづちやうなずきを交えながら、私の話にじっくりと耳を傾けてくれました。

15分ほど話をすると、気持ちがすっきりしてきて、将来についての不安ではなく希望を語れるようになりました。希望を持ち続けるために必要なことを問われ、次の行動に向かう決意を話せました。専門家の方に話を聴いてもらって徐々に快方に向かい、自らの意思で転職を果たして次の一歩を踏み出しました。

心療内科を受診するのを抵抗、拒否する人はいます。周囲の目を気にしてしまうのでしょう。ただ、一番大事にしてほしいのは自分の体と心です。特に心が疲れて病んでしまっては、一歩踏み出す気力がゼロになってしまいます。再起を図る気持ちすら浮かび上がってこなくなります。心療内科を受診するのは1つの方法ですが、自分を大切にするためには何をするべきかをよく考えて行動しましょう。

●早めに専門家を頼る

近年は、一定の長時間残業を行った人に対しては医師による面接指導を受けるのが義務づけられました。長時間残業で脳や心臓の疾患を患う可能性が高まるだけでなく、うつ病などの精神疾患による自殺のリスクが高まると考えられているからです。特に心の健康は、予兆が出ていてもなかなか自覚しない場合があります。ハイテンションで仕事や生活をし続けても、その状態でよいと考えている人もいるでしょう。気持ちが昂っているときに仕事がはかどると考えて、徹夜で働き続ける勢いなのです。

不眠不休で仕事を続けると労働基準法や労働安全衛生法などの法令に抵触する恐れがあり、事業者も責任を問われてしまいます。管理者による労務管理が不十分であると見なされ、会社が責任を負う事態になるでしょう。自分の心身にダメージを与えるだけでなく、会社にもダメージを与えてしまいかねません。会社に迷惑をかけたとわかれば、さらに気持ちが沈んでしまいそうです。

根性が足りない、限界まで頑張ろう、などの精神論では困難を乗り切れる時代ではありません。「ガンバルンバ」などという言葉もありましたが、とにかく頑張ればなんとかなる時代でもありません。

仕事を頑張りすぎて心が折れてしまってからでは遅いです。繰り返しになりますが、一番大事にしてほしいのは自分自身です。周りの人たちに心配をかけないためにも、何かおかしいなと思ったときには、手遅れにならないうちに専門家に診てもらいましょう。

6　健康を維持する

●ストレスを解消する方法　～瞑想や運動～

立場を失ってから再起を図るために、心身の健康を維持し続けていく必要があります。自分の身にストレスがかかったときには、どのように対処していますか？　ストレスを解消する方法はありますか？　ストレスを解消する方法を実践して健康の維持につなげましょう。いくつかのストレス解消方法を紹介します。

瞑想は、乱れてしまった心を落ち着かせるためには欠かせません。静かな場所でリラックスした姿勢を保ち、軽く目を閉じてゆっくりと呼吸します。2～3秒でゆっくりと息を吸いこんで、4～6秒かけて吐き出します。呼吸を続けている間に思い浮かんだことが出てきても考えるのをやめます。心が徐々に落ち着いてきて、穏やかな気持ちになっていくでしょう。

軽い運動も健康維持には欠かせません。体力に自信がなかったら、長距離を走り続ける、泳ぎ続けるなど体に負荷をかける運動をする必要はありません。かえって疲れが蓄積してしまい、途中でやめてしまうでしょう。短時間でできる軽めの運動がおすすめです。屋内でストレッチを毎日15分程度繰り返すだけでも、すっきりした気持ちになります。1日のなかで忙しくない、リラックスできる時間帯にやってみましょう。

ご参考までに、私は、最近朝のテレビ番組で紹介されている筋肉体操を参考にして夫婦でストレッチに取り組んでいます。長い時間をかけずに簡単にできるだけでなく、筋肉の老化を防いで健康の維持にもつながっています。

ラジオ体操（第一）もおすすめです。リズミカルに体全体をほぐすような体操で、1日の始まりにやるのが効果的です。今でも多くの事業所でラジオ体操をやってから就業を開始するようです。ウォーキングやランなどの有酸素運動をとりいれて気分がすっきりする方もいるでしょう。ウォーキングやランは1人で取り組むのもいいですし、仲間と一緒にやると楽しくできます。東京の皇居周辺で走っている人たちのなかには、仲間と一緒にやっている方もいるようです。楽しい気持ちになれる環境で取り組むのがベストですね。

●睡眠と食事の留意点

規則正しい生活は、健康維持のためには不可欠です。朝起きる時間と夜寝る時間はほぼ一定に保てていますか？　起床や就寝の時間は、特別な用事がない限りはできるだけ一定に保つのがベストです。起床はできるだけ朝の早い時間にすっきりと目覚めるように心がけましょう。「早起きは三文の得」のことわざのように、朝の時間に気持ちに余裕ができればよいことがありそうです。朝から切羽詰まって動くと、心身が落ち着かないどころか調子を悪くしてしまいかねません。

休日に休もうと思って寝坊し、そのまま日中も眠り続けて寝だめするのは、生活リズムを崩してしまって健康維持にはマイナスです。一定の生活リズムを保つために、休日であっても起床時間はなるべく変えないように心がけましょう。

就寝時間もできるだけ一定にするのを心がけてください。今日は夜更かしして、徹夜して……となりますと、翌日のパフォーマンスに影響が出てしまいます。睡眠時間を削ることになれば、日中も頭がぼーっとした状態で、眠気がなかなかとれずに集中力を欠いてしまいます。目は開いていても頭が眠ったままではだるさが抜けません。睡眠時間もできるだけ変えないようにしましょう。

食事は朝、昼、晩に3食をしっかりとりましょう。朝食を抜くと、脳のエネルギーの源になるブドウ糖が足りなくなってしまい集中力や記憶力の低下を招きます。また、昼食を抜いて夕食を食べ過ぎるのも健康にはよくありません。寝る直前に食事をとるのは、肥満や糖尿病のリスクを高めてしまいます。食生活が乱れると健康を害するリスクが高まるので注意しましょう。

食事の量にも注意が必要です。一汁三菜（いちじゅうさんさい）と呼ばれ、主食であるご飯と汁物、主菜と副菜から成る三品のおかずが揃っている食事が健康によいとされています。一汁三菜は、栄養バランスに偏りがなく分量も適度な状態です。再起を図って活動を抑えている期間は、健康を保つためにもできる限り心がけたいものです。

仕事で自由がきかなくなってしまう前に健康診断を受けておくのもよいでしょう。健康状態を把握して、万が一再検査が必要な箇所が出ても早めに対処できます。また、再検査まではいかなくても、数値が悪化しているものが見つかれば、健康維持のために取り組む内容を考える機会が得られます。

健康診断で何の問題もないのがベストですが、もし懸念する数値が出たとしても焦る必要はありません。早めに対処して、よい健康状態を保つように心がけましょう。

7　使命を決める

●ミッションを掲げる

人生で大きな壁に直面したときには自分自身を見つめ直す時間をとる必要がありますが、今までの人生で大切にしてきたことをじっくりと考えてから、次の行動に移ってみてはどうでしょうか？そのときに自分の使命（ミッション）を確認しましょう。

使命とは、デジタル大辞泉によると「与えられた重大な務め、責任をもって果たさなければならない任務」とあります。特定の誰かに与えられたものも該当しますが、より大きなところから与えられたものと考えてみましょう。漢字を見ると、「命を使う」といった意味がこめられています。命を使うくらいの気持ちで取り組むものを探して、再起を図るための行動に向かうのです。

ミッションを掲げて経営に取り組んでいる企業は多くあります。ミッションは企業の存在意義を表しており、パーパスや企業理念、社是などと同じような意味で用いているところがあります。従業員が、ミッションに基づいた具体的な行動をするために、行動指針やバリューなどで表現します。

たとえば、カフェで有名なスターバックスコーヒージャパン株式会社は、「人々の心を豊かで活力あるものにするために――ひとりのお客さま、一杯のコーヒー、そしてひとつのコミュニティーから」を「OUR MISSION（ミッション）」として掲げています。スターバックスで成長するためには、ミッションと行動指針である「OUR VALUES（バリュー）」の理解から始まるそうです。社員教育でミッションを理解する取り組みは、多くの企業で入社時に実施されています。

私の経営する合同会社富士みらいクリエイションは、「可能性を信じる」をミッションに掲げています。自分自身も、関わる人たちにもさまざまな可能性があり、可能性を信じるための取り組みとして企業研修やキャリアコンサルティングを中心としたサービスを展開しています。人の可能性を拡げるための取り組みが人材育成であり、働く人たちが自身の可能性に気づいてもらうための活動をしております。

弊社のミッションは、起業して3年目に掲げました。一時は会社経営が成り立たなくなるほどのピンチに陥ったときに、専門家の力を借りながら、私たちがなぜ事業に取り組んでいるのかを見直して「可能性」という言葉にたどりつきました。ピンチから立ち直るきっかけになったのがミッションの策定でした。

●ミッションは自分で決めるもの

ミッションは、一朝一夕で完成するものではありません。キャリアを振り返りながら、行動の軸として大切にしてきたものを探索します。過去の人生においてさまざまな選択を求められたときに、何をもとにして選択をしたのか？　決断を迫られたときに最後まで維持していた事柄は何か？　自分自身の根っこにあるような考え方は何か？　１つのキーワードが浮かび上がってくると、ミッションの策定のきっかけとなります。

１人でミッションを決められなければ、信頼のおける人に話し相手になってもらって固めていく方法もあります。話し相手がいても、何らかの言葉に集約するのは自分自身です。他人につくってもらったミッションでは、魂がこめられていないので違和感をもってしまうかもしれません。時間制限はありませんので、納得のいくまで考え、話をして、「これなら自分のミッションにふさわしい」と思える言葉にまとめましょう。ミッションが決まれば、ミッションに基づいた行動の方針が固まります。存在意義を世の中に示すために行動する方針を定めるのです。再起に向けて取り組む行動の方針を決めて動き出せば、ミッションや行動方針に共感してくれる人が現れるでしょう。スターバックスにかかわりたい人が全世界にいるのは、ミッションやバリューへの共感の表れともいえます。

使命を言語化して活動する方が、まったく何もない状況よりはよいですよね。自分を見つめ直せる機会を利用して使命を決めて、次の一歩を踏み出す気持ちを高めましょう。

8 仲間を増やす

●3人から始める

使命を決める段階で、既に仲間がいるのであれば非常に心強いです。一緒に行動する仲間は、新しい取り組みには欠かせません。1人で行動してうまくいかなかった経験のある人ほど、仲間の存在は貴重だと感じているでしょう。単なる顔見知りの関係では不十分です。お互いの考えを十分に理解している仲間とともに、新しい目標に向けて再起を図っていけば、1人では解決できなかったことも解決できそうな気になりますね。

仲間の人数は少ないのが理想です。数の力があればさまざまなアイデアが出そうな気がしますが、少ない人数で強い絆をつくって再起を図るところから始めるのがベストです。ことわざの「三人寄れば文殊の知恵」は、「凡人でも三人が集まればよい知恵が出てくるものだ」という意味をもちます。3人が集まって話せば、1人では思いもつかなかった知恵は出てくる可能性が高まります。3人の絆を描いた文学作品が多く存在するように、3人の力で1つの物事を進めていくと目的を達成するものが多いですね。

以前、社会起業塾で学んでいたときに、志を同じくする仲間3人が集まってプロジェクト活動をおこないました。3人で取り組むのがベストなのは、仮に2人の意見が対立したときに、1人が間に入って完全に意見が割れてしまうのを防ぐためです。３人いれば丸く収まるのです。たしかに、３人で意見が割れて言い合ったときもありましたが、最終的には３人の想いは１つになってまとまり、お互いを支えあって行動しました。１人がリーダーになって場を引っ張り、２人でサポートする体制ができあがりました。

結果として、プロジェクト活動は前進して終結しました。３人で進めたのが功を奏したといえます。現在は３人が各々の想いをもって、別々の活動をしています。

●価値観を知る

同じミッションに共感して取り組む仲間が増えてきたときには、お互いのことを知る機会を必ず確保しましょう。リーダーが自分のミッションを語って共感を得るのはもちろんですが、他の仲間の想いも理解しなければ、リーダーが１人で突っ走ってしまいます。強烈なリーダーシップは重要ですが、カリスマ性ばかりが前面に出てしまうと、他のメンバーは、なぜ自分がいるのかわからなくなってしまい、存在意義に疑問を抱いてしまうかもしれません。

リーダーもメンバーもお互いに理解を深めるためには、お互いの価値観の確認をしましょう。価値観とは、人生を通して大切にしてきた考え方で、現在から将来までの道のりを貫くものです。継続してこだわって持ち続けている価値の高いもので、選択を迫られたときに外せない判断基準になります。自身の価値観が侵害されるような場面では抵抗を感じることがあります。

たとえば、仕事においてはどのようなものを大切にしていますか？　「貢献」「規律」「成長」「個性」「チームワーク」「冒険心」「豊かな報酬」「ワークライフバランス」など、さまざまなものを大切にして仕事をしているはずです。キャリアを振り返っていくと、仕事で大切にしていたものが浮かび上がるかもしれません。キャリアコンサルタントの実施する企業研修では、バリューカードなどのカードツールを用いて、大切にしている価値観を選んでもらいます。選んだカードを示しながら、なぜ選んだのか、その内容を他の受講者に語って自身の価値観を明確にします。自身のビジョンを考えるときに価値観をおさえておくと、実効性の高いビジョンに近づきます。

キャリアを積み重ねていく過程で大切な考え方として、キャリア・アンカーがあります。アメリカの心理学者、エドガー・シャイン氏が提唱したものです。自身のキャリアを選択するときには、大切な価値観や欲求などで変わらないものが存在しており、船の錨（いかり）にたとえて、キャリア・アンカーと呼んでいます。一度できあがったキャリア・アンカーは、さまざまな変化が周囲で起こっても、生涯にわたって簡単には変わりにくいものです。キャリア・アンカーには、８つのタイプがあるといわれています。

キャリア・アンカーを知るためには、「キャリア指向質問票」などのアンケートを用いて40項目の質問に回答することでわかるとされています。詳しくは、「キャリア・アンカー――自分のほんとうの価値を発見しよう」（エドガーＨ・シャイン著／金井壽宏訳　白桃書房）で紹介されているので参考にしてください。

【図表10　キャリアアンカー・８つのタイプ】

専門・職能別コンピタンス
全般管理コンピタンス
自律・独立
保障・安定
起業家的創造性
奉仕・社会貢献
純粋な挑戦
生活様式

仲間とは価値観の相互理解だけでなく、性格、考え方、趣味なども幅広く知っておくとよいでしょう。食事や飲み会などを通しての交流も有効です。単なる顔見知りを超えた関係を構築し、運命共同体のようなかかわりがもてるまで発展すると心強いです。

お互いを好きか嫌いかはともかく、つながりの強い仲間とともに1つの集団を形成していきましょう。

9　定期的に発信する

●ＳＮＳで発信する

使命が固まって、絆の強い仲間と協働できる方向性が固まったところで、外部に向けての情報発信を始めていきます。使命を言葉にして発信しなければ、未知の人たちには届きません。多様な手段を駆使して発信しましょう。

最初に個人で発信するのか、仲間とともに集団で発信するのかを決めてから、発信する場所を用意します。おすすめの場所はホームページです。ホームページを制作して、自身の使命や取り組む内容を宣言しましょう。最近は簡単に制作できるホームページも増えましたが、ホームページ制作に慣れていないと何をすればいいのかわからないため、専門家の力を借りてつくるのが理想です。中身が充実しているだけでなく、見る人に配慮した見栄えのよいホームページをつくってもらいましょう。

ホームページを制作するのが難しいときは、ＳＮＳの活用を考えましょう。ＬＩＮＥ、Facebook、Instagram、twitter、ブログなど、ＳＮＳの特性や取り組みやすさに応じて活用します。文字による情報発信をメインにしたいのであればブログ、仲間をさらに増やしてつながりをつくりたいのであればＬＩＮＥでグループをつくり、ＬＩＮＥグループで発信していくのが有効でしょう。文字の分量は少なくして、１４０文字以内のつぶやきをベースにしたいときはtwitterを有効に用います。

企業が公式でtwitterをおこなっている事例も増えているので、【公式】と書かれたTwitterアカウントを見て参考にしてください。Instagramは、画像や動画をメインに発信するときに活用しましょう。

どのＳＮＳを中心に活用するのかを決めてから、定期的に情報発信します。認知度が低いうちは、継続して毎日発信するのがのぞましいです。朝、夕方など、できるだけ決まった時間に発信するのを心がけてください。何らかの事情で1日だけ発信を忘れてしまっても、止めてしまわないで再開すればいいのです。一度途切れても再び発信を続けましょう。

ＳＮＳの利用媒体は1つだけに絞りこまなくても構いません。複数のＳＮＳを利用目的に応じて使い分けてもいいでしょう。見てもらいたい相手に合わせた利用を考えてみましょう。若年層の方々がターゲットであれば、画像や動画をメインにしてInstagram以外にTiktokの活用に挑戦するのも効果的です。一見すると真面目そうな方が、Tiktokで愉快に踊っている動画を載せると、意外性があって面白いです。ファンが激増するかもしれません。取り組んでいる活動だけでなく人柄そのものが伝わると支持者が増えますね。

●あきらめないで発信を続ける

ブログを中心にして発信するときは、文章を上手に書こう、立派に書こうなどと過度に思わないようにします。考えすぎてしまうとなかなか筆が進みません。分量は短くても構わないので続けるのを重視しましょう。雑多に思いついたことを書いても構いませんが、特定の分野で知見があれば、テーマを絞って書いてみてもいいでしょう。毎日書き続けて、応援してくれる人に巡りあえるのを期待しましょう。ほとんどのブログサイトで文章だけでなく画像や動画の投稿ができますし、ホームページや問い合わせ先のリンクの掲載が可能です。単に文字だけの内容ではなく画像もあるので、読んでみようという気持ちが高まるでしょう。

最初のうちは、読んでくれる人はかなり少ないかもしれません。ただ、少ないからといってやる気をなくさないでください。どこかで誰かが読んでくれていると信じて、定期的に書き続けるのが大切です。「継続は力なり」です。止めずに書き続けていると、「ブログ読んでいますよ」などと声をかけてくださる方が必ず出てきます。誰が読んでくれているかわからないと思っているときに、「読んでいますよ」と言われるのは非常にうれしいです。

読者が一定数まで増えてきたときは、メルマガやニュースレターなどの情報発信にチャレンジしましょう。名刺交換などで得たメールアドレスに情報を届けます。毎日発信の場合には、分量は1分程度で読めるのが理想です。ニュースレターなどにまとめて読者にとって有益な情報を届けるときは、月に1回のペースで無理なく発行します。顧問をもっている弁護士や税理士、社会保険労務士などの士業では、各士業の専門領域にかかわる内容をまとめて、顧問先に発行しているケースが多いようです。特定の支持者には、より専門性の高い有益な情報を定期的に届けてファンを増やしましょう。

どのような媒体を使用する場合でも、定期的に情報を発信します。再起を図る人が一生懸命定期的に情報発信を続ければ、共感して応援者が出てくるでしょう。根気がいる活動ですが、簡単にあきらめずに発信を続けてください。成果につなげるために頑張りましょう。

第7章　思いがけず周りの人からの信頼を失ったとき
～信頼を取り戻すためのヒント～

1　心をこめて謝罪する

●形だけの謝罪では伝わらない

仕事をしていると、突然トラブルやクレームに直面します。取引先への対応は何の問題もないと思っていても、急に大きなトラブルやクレームに直面する可能性はあります。昨日までは取引先との関係が良好だったのに、1つのトラブルやクレームによって、関係が最悪の状況になってしまったとしたらどのように対処すればいいのでしょうか？　関係が悪化したのは何かきっかけがあったはずです。その原因を突き止める必要があります。

トラブルやクレームに向き合うのは怖い気持ちになります。慣れていないのであれば、逃げ出したくなるでしょう。しかし、今まで築いてきた信頼がいっぺんに失われてしまうのは納得がいきません。時間をかけて何度も交流し、ようやく築き上げた取引先との信頼関係は決して失いたくないですよね。顔を突き合わせていろいろな話をして、1つひとつの依頼にも誠実に対応して積み上げてきた信頼が一気に取り崩されてしまう事態は避けたいです。

トラブルやクレームが発生して、自分自身に非があるのかないのかわからないときであっても、相手と向き合って一緒に解決しましょう。非があるとわかった段階で即座に謝罪してください。いつまでも非を認めなければ、さらに相手を怒らせてしまい、関係修復が難しくなる可能性があります。

ニュースを見ていると、問題を引き起こした責任者が「誠に申し訳ございませんでした」と深々と頭を下げている場面を見ます。謝罪会見の映像を見るたびに心が痛みます。それでもまだ、頭を下げて謝罪ができるのはいさぎよいです。どんなに悪事を働いたと自覚していても、絶対に頭を下げない、謝ろうとしない人たちがいます。多くの理由を並べ立てて自分の行動を正当化して、謝罪どころか、逆に激しい怒りの感情をむき出しにする人もいます。信頼を失った原因に心当たりがあるときには、すぐに謝罪しましょう。

謝罪するときは心をこめて謝ります。頭を深々下げる姿勢も大切ですが、形だけでは不十分です。何か物をもって謝罪のために訪問する場面に遭遇しますが、物を渡すだけでは解決しません。うまく収めようとしても、相手への謝罪の気持ちが十分に伝わらないでしょう。むしろ、早く解決して穏便に済ませたい気持ちが伝わってしまうかもしれません。早急に解決を図りたいと考えても、形だけの謝罪で済ませようとすれば、かえって相手から反感を買ってしまいかねません。申し訳ないことをしてしまった気持ちが伝わらなければ、信頼関係を修復するのは難しくなります。

申し訳ございません、と謝罪の言葉を伝えた後は、相手の話をじっくりと聴く時間をとるように努めましょう。相手の話を聴く前に自分の言い訳をしようとする人がいますが、見苦しく感じます。相手の話を聴くのを優先してください。信頼関係修復のためには、相手の気持ちを理解するのが不可欠です。

●傾聴で相手の気持ちを受け止める

相手の気持ちを受け止めて真摯に聴く方法を傾聴といいます。相手の話に耳を傾けて、相手を見ながら、心を傾けて聴く姿勢です。心理学者のカール・ロジャーズ氏は、相手の話を傾聴するときに3つの原則があると提唱しています。「自己一致」「共感的理解」「無条件の肯定的配慮」です。

自己一致は、自分にも相手にも真摯な態度で向き合って、相手の本当の気持ちを把握する姿勢です。相手の話でわからない点はわからないとはっきり伝える姿勢が必要です。

共感的理解は、相手の立場になって聴く姿勢です。相手の目線で見たときの気持ちを知り、相手を心から理解しようとします。

無条件の肯定的配慮は、相手の話を評価せずに肯定的に関心をもって聴く姿勢です。相手と異なる考えがあっても、まずは相手の言葉や気持ちを受け止めます。

傾聴するためには、はっきりとわかるようにうなずき、あいづちをします。相手の言葉の早さに合わせて、うなずきとあいづちをしながら話を聴きましょう。機械的にやっても相手には伝わらないので注意してください。相手の気持ちをつかんで、丁寧な言葉にして示すように心がけましょう。

自然と次のような言葉が出てくるでしょう。

「○○さんのおっしゃることはよくわかります」

「○○さんのおっしゃるとおりです」

「○○さん、ほんとうに辛い想いをされていらっしゃったのですね」

相手の気持ちが理解できていれば自然と出てくるはずです。相手の気持ちを理解できたと感じたときに、「大変申し訳ございませんでした」のように謝罪の言葉を発すると、謝罪の気持ちが相手に届きやすくなるでしょう。謝罪の言葉を発する前に、相手の話を傾聴、共感しているためです。心からの謝罪を相手に示せば、徐々に信頼を取り戻せるでしょう。

相手は謝罪後の行動を注視しています。どのように解決するのか？　同じようなことが起こらないためにどうするのか？　謝罪すれば済む話ばかりとは限りません。解決策を示してくれないと納得しない人もいます。解決策を示す前に、トラブルやクレームにつながった事実を再度確認しましょう。事実を確認するときには、第３章の５で紹介した５Ｗ２Ｈのフレームワークを活用して整理するといいでしょう。

事実の確認を済ませてから、お互いに納得できる合意点を探って解決策を具体的に提示します。相手の要望を聴きながら、金銭での補償や代替サービスの提示、再発防止策を示す文書の提出、担当者の交替など、真摯に対応してください。相手が気持ちを鎮めて納得するのを目指します。

組織で対応するときは、責任者を交えて複数の人数から成るチームで解決策を考えましょう。経営層を巻きこんだ対応が必要になるため、独断で解決策を示すのはＮＧです。責任者の意思決定に従って解決策を示します。相手に説明するときには、責任者にも同行してもらって対応しましょう。責任者が直接相手に向き合えば、たいていの場合は相手も納得してくれるはずです。相手が納得した後は、地道にコミュニケーションを継続して再び信頼を取り戻せるように努めてください。

2　コミュニーションのとり方を見直す

●非言語情報のコミュニケーションを見直す

1つのクレームによって、信頼は一瞬でなくなってしまうときがあります。ただ、クレームだけが原因で信頼がなくなるとは限りません。相手を不快にする、相手を傷つけるなど、過去の行動の積み重ねが信頼を失うきっかけになった可能性もあります。

相手とのコミュニケーションのとり方に問題はなかったでしょうか？　相手に不快感を及ぼすようなコミュニケーションのとり方になっていなかったのかをチェックする必要はあります。コミュニケーションのとり方を見直してみましょう。

最初に、相手が受ける印象を見直します。心理学者のアルバート・メラビアン氏が提唱した「メラビアンの法則」によれば、相手が出会ったときに受ける印象は、非言語部分の情報で判断されるといわれています。視覚で受け取る情報が55％、聴覚で受け取る音の情報で38％です。目で見たものや耳で聞いた音が大半を占めることから、非言語で相手が受け取る情報に配慮したかかわり方が必要になるといえます。

たとえば、「素晴らしいですね」と発言したときに、笑顔がなく、掻き消えそうな小さな声だと、相手は「素晴らしい」と言われてもうれしい気持ちにはならないでしょう。言葉の内容よりも非言語の情報がインプットされる確率が高いためです。印象をよくするためにはどのようなことに注意すればいいのでしょうか？

表情から確認していきます。笑顔、穏やかな表情になっていますか？　心で笑顔になるような気持ちを感じれば自然に笑顔になります。口角を上げて、目元や口元の力を抜いて緩めてください。相手を大切に思う気持ちになりましょう。マスクなどで表情が隠れていても、相手に伝わる笑顔を目指してください。

真剣な気持ちで相手を見ようとすると、つい顔に力が入ってしまいます。ただ、相手には真剣な気持ちが伝わらないときがあります。むしろ、「何を怒っているのか？」「無愛想な人だなぁ」「不機嫌そうだから近寄りがたいなぁ」などと思われて、相手との関係に緊張が生じてしまいかねません。誤解を招かないためにも、表情には注意を払いましょう。

次は視線の確認です。笑顔で目の力を抜いて相手を見ましょう。目に力を入れたまま相手を見ると、にらまれていると思われます。穏やかな表情を保って相手を見ます。相手の目を見ると、目が合って緊張してしまうときがあります。相手の目玉を見るよりは相手の眉間を見るといいでしょう。眉間を見ていると、相手は目が合っていると思ってくれます。

座り方にも気をつけてください。足を組む、投げ出す、腕組みをする、頬杖をつくなどの癖がある方は要注意です。いずれも相手が不快な気持ちになりそうな行動ですので注意しましょう。相手との信頼関係を構築するためには、直角の位置どりで座って話すのがおすすめです。真正面で向か

【図表11　着座の位置】

９０度の位置どりで着座するのがポイント！

い合って座るのは、交渉や駆け引きなどの場面です。直角の位置はカウンセリング・ポジションといって、リラックスして話せる関係が構築できる位置とされています(図表11)。場所が狭いなどの理由で向かい合って話さざるをえない場合には、いすをずらすなどして、完全に対峙する状態を避けてもいいでしょう。

服装は大丈夫ですか？　ＴＰＯをわきまえた服装で臨みましょう。仕事の場面であれば、ふだん会社で仕事をするときの服装で、スーツや制服が一般的です。プライベートで話すのであればどのような服装でも構いません。どちらの場合も、相手に不快感を与える服装は避けます。

服装のマナーは、相手に不快感を与えないのが原則です。よれよれになってしわのついた服や、汚れやにおいが染みついた服は相手を嫌な気持ちにさせてしまいます。最近は喫煙者が減っていて、たばこの臭いを嫌う人が増えてきました。不快な臭いが服に染みついていないか確認してください。

服の臭いだけでなく、口臭や体臭にも注意しましょう。たばこ以外では、強烈な臭いを放つ食べ物やお酒の臭いなどで極端なものは気になってしまい不快に思わせてしまうかもしれません。歯みがきやマウスウォッシュを使う、消臭スプレーを吹きかけるなどの対応は必要に応じておこなってください。

●ラポールを形成する

相手との信頼関係構築のために、動きで共感をとる方法も知っておきましょう。心理学の分野にラポールという言葉があります。フランス語で「橋を架ける」の意味が転じて、信頼関係を構築する意味を指すものとして使用されています。

ラポールを形成するためには、相手と動作を合わせる行動を心がけます。体の動き、しぐさ、呼吸を相手と合わせます。まるで鏡のように合わせて振舞うため、「ミラーリング」と呼ばれ、相手との関係をよくするための技法の1つです。極端に合わせようとするとぎこちなくなり、かえって相手に不信感を抱かせてしまうので注意してください。

また、話すスピードや声の大きさ、抑揚を相手と合わせるのは「ペーシング」と言われます。ミラーリング同様にラポールを形成するために用いる技法です。同じペースで相手とかかわると、相手との心理的な距離が縮まって話がしやすくなります。ミラーリングやペーシングの技法を使いながらラポールを形成し、コミュニケーションをとりやすい相手だと思われるようにしましょう。

最近増えているオンラインでのコミュニケーションにおいても、気をつけるポイントはおおむね同じです。相手との信頼関係が築きにくくなる点があるのは理解しておきましょう。通信状況によっては、リアルタイムに反応が相手に伝わらないときがあります。反応が少し遅れてお互いに届くのを理解する必要があります。オンラインの特徴を踏まえて、せっかちに話そうとするのではなく、ふだんよりもゆっくりとした速度で話すように意識するといいでしょう。

言葉以外の情報はより鮮明に伝わります。表情はアップになって映し出されますし、画面をよく見るのでふだんよりも相手の様子がわかります。視線が合わないときも頻繁に起こります。画面ではなく、できるだけカメラを見ながら話をしましょう。カメラを見て話をすれば、相手と目が合った状態になります。そして、動作はやや大きめにします。反応がカメラ越しでも伝わるように意識してください。臭いは伝わりませんが、服装は目にするので、相手に不快感を与えないようにしてください。最近は、カメラＯＦＦの状態でコミュニケーションをとる場合も増えてきました。相手に見られていないからといって油断しないでください。

意識していなかった点については、もう一度見直してください。相手に不快感を及ぼす行為の積み重ねがあって、信頼関係を崩壊する結果につながります。非言語の部分でも、相手に配慮したコミュニケーションのとり方には十分に注意してください。

3　使う言葉を変える

●「○○してはいけない」に注意する

次はコミュニケーションでも言葉の部分についてです。言葉の使い方を間違えると、相手との信頼関係が崩壊するきっかけをつくってしまいます。無意識で相手を不快にするような言葉を使っていないか確認しましょう。

言葉の癖を見直します。ネガティブな言葉、愚痴や不満を述べるときに使う言葉です。逆接の意味をもつ接続詞（しかし、いや、でも、だって、だけれども……）を多用されると、聞いているだけで否定された気持ちになって暗くなります。相手の前から離れて下を向いて帰りたくなってしまいます。私も発言をするたびに、ほぼ毎回逆接の接続詞から始まる言葉で返答されたことがあります。残念な気持ちになりますし、怒りの感情が湧き上がることもあります。無意識で使用する人が多いので、他の人に指摘してもらわないと治らない癖かもしれません。

文末表現にも注意です。私は幼いときから「○○をしなければだめだ」「○○をしてはいけない」と言われてきました。「○○をしなければだめだ」の部分だけに着目すると、「しなければだめだ」の言葉の威力が強く、萎縮してしまいます。最後の「だめ」に意識が向いてしまい、「ああ、私はだめな人間なのだ」と感じて自分を否定してしまうのです。「だめ」と繰り返し言われると、心の痛みが大きくなるばかりです。「だめ」なのだから、「○○」をしなければならない義務感が強くなってしまうのです。

また、「○○をしてはいけない」は、「してはいけない」の前の「○○」に意識が強く及びます。たとえば、「忘れ物をしてはいけない」と聞くと、「忘れ物」に対しての過剰な意識が働いて、忘れ物をしがちになります。

昔、アメリカの心理学者が行った「シロクマ実験」で皮肉過程理論が導き出されました。何かを考えずにいようとすると、かえって考えていることが頭から離れなくなる、というものです。先ほどの忘れ物の例でいえば、忘れ物について考えずにいるためには忘れ物のことを考える必要がある、とされた考え方です。

この理論から、「してはいけない」という否定語が文末表現であっても、脳は否定語を理解できないものと考えられています。昔から「○○しちゃだめ」と言われたことが多く、「○○」に興味をもってしまって、幼い頃から怒られてばかりでした。大人が子どもに関わるときは注意しないといけませんね。

●褒め言葉をかけて自己肯定感を高める

「自己肯定感が低い」と言っている方に出会うときがあります。自己を肯定する機会が少なかったから、もしくは他人から否定され続けたから自己肯定感が低くなってしまったかもしれません。

ポジティブな言葉をかけられてないために、心のなかのエネルギーが欠乏している状態です。

私は、一般社団法人日本褒め言葉カード協会代表理事の藤咲徳朗先生から、相手を「褒める・認める・感謝する」ときに用いる褒め言葉の大切さを教わりました。自分に対して褒め言葉をかけないと元気がなくなりますし、目の前の相手に褒める言葉を使わずに過ごしていると、同じように元気がなくなっていきます。藤咲先生は、著書「楽習チームビルディング」（セルバ出版）のなかで、『相手を褒めている言葉は、そのまま自分の耳から脳の中に入ってくる。だから、自分も褒めていることになるのです』と述べています。

相手に褒め言葉をかけずにいると、相手との関係は次第によくない方向に向かっていきます。「ありがとう」などの感謝の言葉が出てこない状態です。相手を認めるときには、率直に褒め言葉を伝えればいいのです。「素晴らしい」「素敵」「いいですね」など、相手に対して思ったことを言葉にして伝えればいいだけであって、難しくはありません。自分で使う言葉の癖をもう一度見直してから、褒め言葉を惜しみなく使って、相手との信頼関係構築のきっかけにしてみましょう。

なお、褒め言葉を知っていなければ、相手にかける言葉となって出てきません。多くの褒め言葉を知っていれば、相手にかける言葉の幅が広がります。多くの褒め言葉を伝えると、自分自身もよい気持ちになって、相手との関係もよくなるでしょう。

使う言葉を変えて相手からの信頼を取り戻そうとするのは難しくありません。言葉を変えて相手との信頼関係を取り戻し、自己肯定感を高めていきましょう。自己肯定感が高い人と一緒にいれば相手も元気づけられるので、今日から自分を肯定する人になってくださいね。

4　時間の使い方を見直す

●どのようなことに時間をかけていますか？

周囲の人たちの時間を奪うような行動を繰り返している人がいます。たとえば、仕事中に用事があるときに、前触れもなく自分の都合で呼びつけて、新たな作業をすぐにおこなうように指示する人です。周囲に困った様子をアピールするために、大声で「どうしようどうしよう」と叫んで困惑している人もいます。無自覚で周囲の人たちの仕事の時間を妨害しているのです。「時間泥棒！」と言われても何も言い返せないでしょう。

時間の使い方が悪いために周囲からの信頼を失ってしまうのは残念です。時間は誰もが平等に与えられている貴重な資源であり、1日24時間、68400秒と決まっています。時間を1秒でも無駄にしてしまうと、のぞましくない結果を引き寄せてしまうことがあります。

毎年正月に開催されている箱根駅伝では、来年も継続して出場できるシード権を、僅か1秒足りなかったために失ってしまい、選手たちが泣いて悔しがる姿を目にする場面が見られます。ある大学では「その1秒を削り出せ！」とスローガンを掲げているほど、時間の大切さをチームに意識づけていました。

相手からの信頼を失う前にとった行動を思い出してみてください。どのような時間の使い方をしていましたか？　無駄な行動に時間を費やしていなかったでしょうか？　ビジネスの場面では、のぞましい成果を出すために、限りある時間を有効に使って生産性を高める動きが活発になっています。残業時間の抑制や働き方の見直しで、限られた労働時間で今まで以上の成果を出すのを求められています。日々の時間を、仕事もしくは仕事以外のプライベートにどのくらいかけているのか見直してみましょう。

１週間や２週間など好きな幅で時間を区切り、どのような行動をしていたのか、過去のスケジュールを見直して洗い出します。睡眠の時間や自由に過ごしていた時間などもすべて洗い出しましょう。仕事の時間だけを洗い出すときは、どの業務にどのくらいの時間をかけていたのかを洗い出します。

時間の使い方に傾向があるのがわかります。睡眠時間が少ない、趣味の時間を全然取っていない、家族と過ごす時間がほとんどない、仕事の時間が大半などです。本当に時間をかけて取り組みたいことに時間をかけていたのか考えさせられます。

●重要度と緊急度から時間の使い方を見直す

次に、洗い出した項目を２つの軸に沿ってわけてみます。重要度と緊急度の軸です。それぞれの高低を考えると、４つの象限の中に項目を当てはめられます（図表12）。重要度も緊急度も高いものをA、重要度は高いが緊急度が低いものをB、重要度は低いけど緊急度が高いものをC、重要度

【図表12　時間の４象限】

	←緊急である	緊急ではない→
↑重要である	A	B
重要ではない↓	C	D

も緊急度も低いものをDとします。

Ａ～Ｄに項目を当てはめてみると、時間をどのように使っているのか、特徴が見えてきます。ＡやＣの領域に多くの項目が該当する人は、緊急度の高いものに追われ続けています。期限や締め切りに追われてあたふたしていませんか？　心に余裕がなく、必死の形相で事務所を駆け回っているかもしれません。多くの人があなたの時間に巻きこまれているでしょう。

Ｄが多い人は、時間の使い方に無駄が多いです。重要度も緊急度も低いものばかりなので、今後はもうやらない、もしくはＤの時間を減らす方法を考えましょう。Ｄをやるのに誰かを巻きこんでいるとしたら、まさに時間泥棒です。

Ｂの項目が多い人は、自分で時間のコントロールができているかもしれません。ただ、緊急の事案を他の人に丸投げして自分の時間をつくっていると周囲からは嫌われてしまいます。チーム内で協調性がないと評価されて信頼を失う結果になります。

AからDまでの内容を把握し、どの時間に周囲の人が関わっているのか理解しておきましょう。周囲の人に迷惑をかけている動きがあれば、行動内容を修正する必要があります。

仕事の時間だけでなく、プライベートの時間も見直す視点は必要です。たとえば家族とのかかわりです。「俺は仕事だから子どもとは遊ばない」「仕事だから今日は家で一緒に食事はできないよ」など、仕事を理由に家族との時間を放棄していませんか？　ワークライフバランスを重視する社会で、仕事だけで生きる「仕事人間」は少なくなっています。ただ、仕事に必死になりすぎて、家族との時間をほとんど確保していないと、パートナーだけでなくて子どもからも信頼されなくなります。家庭での居場所を失う危機が訪れるのです。

仕事の時間を中心にして、余った時間を家族の時間にするのは、家族を大切にしていないと考えられます。予定を決めるときに、家族との時間は先に確保しておきましょう。たとえば、長期休暇中の家族旅行や子どもの学校の行事など、家族優先で予定を入れて、仕事は休むようにします。あらゆるところで他人の時間を大切にしないと、誰からも信頼されない、孤独の人生を歩む羽目になります。

時間は周囲の人も同じように平等にもっているものです。周囲の人の時間を奪って自己中心的な行動をしていないか、十分に見直す必要はあります。時間を大切にした人生を送っていれば、周囲の人もいざというときに協力的になってくれます。信頼を失う前に、自分の時間の見直しをやってみましょう。

5　信頼できる味方をつくる

●相手を区別せずに信頼を重ねる

あなたの周りに、世界中が敵になっても味方になってくれる人はいますか？　第6章の「8　仲間を増やす」のなかで、同じ想いをもって何かを成すためには最低3人で動くのがおすすめだと書きました。他の仲間2人はもちろん信頼できますが、ほかにも味方となってくれる人がいると心強いです。信頼を失ったときには、所属する集団のなかで敵ばかりになってしまったのではないでしょうか。誰も味方になってくれる人がいなくなってしまい孤独だったと思います。

たとえば、会社では同じ役割を担う人が集まり、お互いに信頼しあう仲間を増やしていく必要があります。業務改革を進めていく、サークル活動をおこなう、プロジェクトを進行するなど、それぞれの集まりの運営を担うリーダー同士がお互いを信頼して行動しないと、集まりが維持できなくなってしまいます。同じリーダーとしての立場なので、苦楽を共にできる仲間となりうるのです。

仕事においては、他の社員からの頼まれ事の1つひとつを守り、相手の要望通りに仕上げていくと、徐々に信頼を得られます。立場や役割に関係なく、人を区別せずに取り組む姿勢が重要です。「後輩からの頼まれ事だから後回しでいいや」「社長や上司の命令だからすぐにやらないといけない」など、相手によって区別した対応を続けると、その姿勢は周囲の社員にも伝わり、周囲から嫌われる存在になって孤立してしまいます。

私が過去に勤めた会社でも、管理職以上の人や年配の方々を中心に、相手によって対応を区別する人がいました。「社長からの電話になった途端に、１８０度態度が変わる」などと揶揄されていた人もいました。

私が会社員として営業の仕事をしていたときに意識したのは、事務面でサポートをするスタッフの依頼は着実にやっていた点です。依頼を失念したときには、そのスタッフの上司にこっぴどく叱られて、スタッフをはじめ事務部門の方々の信頼を取り戻すまでに時間を要しました。無意識にスタッフを区別していた意識が態度に出てしまったようです。

●世界中が敵になっても味方になってくれる人

会社の人だけでなく、家族に対しても他の人と区別した対応をしていませんか？　家族の依頼は後回しにしたり、断ったりしていませんか？　家族だから許してくれる、などと考えていると痛烈なしっぺ返しをくらってしまいます。

たとえば、パートナーへの対応を、他の人と区別し続けてしまったらどうなるでしょうか？　仕事を定年でリタイアしたころに離婚を切り出されてしまうかもしれません。子どもからも見捨てられ、孤独な老後の人生を迎えてしまうでしょう。家族からの依頼も疎かに扱ってはいけないのです。家族だからきっとわかってくれる、と考えるのは思いこみです。

信頼を失ったときに、最後に支えてくれるのも家族です。仕事で失敗を繰り返して、信頼を失って意気消沈しているときに、家族の笑顔に触れると元気を取り戻せますよね。パソコンのデスクトップや机の上にお子さんの画像がわかるものが置いてあるのも、元気を取り戻せる存在が家族だからでしょう。

私が自律神経失調症で休んで辛かった時期に支えてくれたのは妻でした。仕事でうまくいかなくなり、将来が見えなかったときに、当時派遣社員だった妻は「正社員になって支える覚悟はあるから」と言ってくれました。復活したときには、この人を絶対に不幸にしてはいけないと強く感じたものです。今でも、辛くなったときには真っ先に妻に話します。世界中が敵だらけになっても味方でいる、と妻は話してくれたときがあり、支えになっています。

仕事でも家庭でも、あるいは地域の仲間でも、心から信頼できる味方がいれば、どんなに辛い状況であっても大丈夫です。その相手を大切にしないと、世の中に味方が誰もいなくなってしまう。信頼できる味方であれば、負担をかけてしまうことを事前に話しておくとわかってくれるはずです。信頼しているから理解があるのです。ただ、理解があると勝手に決めつけてはいけません。

信頼している仲間には隠さずに事実を話してから行動しましょう。親しき中にも礼儀あり、といいます。どんなに身近で理解のある人であっても、礼節を欠いた行動をすると傷つけてしまいます。世界で唯一の味方になってもらう存在であれば、大切に思う気持ちを言葉や行動で示してくださいね。

6　自分を勇気づける

●元気づける言葉を声に出してみる

気持ちが落ちこんでいるときには元気になるものが必要ですよね。困難に立ち向かうときや逆境を乗り越えたいとき、自信を失いかけているときなど、元気になるために求めたくなるものは多くあるでしょう。元気になって復活するためには言葉の力が大きいです。先人たちの言葉とは異なる、元気を取り戻せる簡単な言葉です。

試してほしいことがあります。難易度の高い仕事をする前に、楽しい気持ちをこめて笑顔で「私はできる」と声に出し、15秒間言い続けてみてください。言い終わるとどのような気持ちになりますか？　難易度の高い仕事ができてしまいそうな気持ちになりませんか？　暗い表情で下を向きながら「絶対に嫌だ！できないよ！」と低い声で言い続けると、憂鬱な気持ちがどんどん強くなっていきます。体調が悪くなってしまうかもしれません。

言葉の力は大きいです。言葉によって勇気づけられるもするし、嫌な気持ちになる場合もあります。

自分自身に対してかけ続ける言葉がどのようなものなのか？　勇気づけられる言葉を自分で決めておくと、辛い状況から抜け出せるきっかけになるでしょう。

【図表13　己書の絵】

２０２1年、プロ野球の東京ヤクルトスワローズが20年ぶりに日本一を達成しました。そのときに話題になったのが、高津臣吾監督が選手たちにかけ続けた言葉です。

「大丈夫、大丈夫だから、絶対大丈夫！」

「絶対大丈夫だと言って、マウンドに上がってください。打席に立ってください」

高津監督が選手たちにかけ続けた言葉が１つのきっかけになって、日本一になったといえるでしょう。選手たちを信じていたために出た言葉だと思います。

自分に「大丈夫だ」と言い聞かせられるのは、自分自身を信じているからできます。信じる気持ちがなければ言葉になって出てきません。自分自身を勇気づける言葉を決めて、しかるべきタイミングで自分に声がけしてみましょう。

あなたならできます！　大丈夫です！

●言葉を書く～己書～

言葉を声に出すだけでなく、言葉を書いてふだん生活する場所に置き、自然と目に入る状態にするのも有効です。私の家には、次の言葉を書いて部屋の見えるところに置いています（図表13）。

「成功する人は前進し続ける　失敗もするが途中で投げ出すこともない」

この言葉を書いた後に知ったのですが、アメリカのヒルトンホテルの創業者のコンラッド・ヒルトン氏の言葉だそうです。私が通っている己書（おのれしょ）の幸座（こうざ）で書いたものです。己書とは、漢字にあるようにおのれの書、自分だけのオンリーワンの書という意味です。私の住んでいる街で月に一度、己書の幸座を開いてくれる先生がいて、私自身の気持ちを整えるために通っています。ちなみに、己書を習う教室は講座ではなく幸座と呼ぶそうです。己書では決められた文字の形で書くのを求められず、自由に書くようにすすめています。自由度があるのでのびのびと書けています。

私は、ヒルトン氏の言葉を己書で書いたときに、とても勇気づけられる気持ちになりました。心が折れそうになっても、「前進して乗り越えられる。失敗だってしてもいい。やってみよう！」と思えたのです。必ず目に入る場所に掲示してあるので、精神的に辛くなったときに眺めるようにしています。一緒に書いたお地蔵さんの絵も、心を和ませてくれます（上手か下手かはあまり関係なく……）。毎日見ていれば、人の記憶に留まるものです。自然に己書の字が目に入ってくる環境なので、この絵がなくなっていればすぐにわかります。

私が教わっている己書の師範は、いつも大きな声で褒めてくれます。

「いいじゃん！　いいじゃん！　上手！　上手！」

師範が笑顔で温かい言葉をかけてくれるので、字にコンプレックスをもっていた私も楽しく書けるようになりました。書くたびに勇気づけられます。同じ部屋で書いている人全員に聞こえるような声で言ってくれるので、恥ずかしい気持ちもありますが、それ以上に嬉しい気持ちが強くなります。他の人を褒めるときも、同じように「上手！　上手！」と言っているので、その言葉を聞くだけで勇気づけられます。

周囲からの信頼を失って辛くなったら、自分自身を勇気づけてくれる言葉を思い出し、口に出してみましょう。記憶に留めておきたいときは書いて残しておくのもおすすめです。

7　1つひとつの約束を守る

●信頼に必要な約束

一瞬で信頼を失ってしまうきっかけとして考えられるのは、決められた約束を守らなかったからではありませんか？　約束はさまざまなシーンでおこなわれます。仕事でも、待ち合わせの時間や資料の提出、制服物の納品など、人と人との約束の積み重ねで成り立っているといっても過言ではありません。

フランクリン・コヴィー氏の名著『7つの習慣』（キングベアー出版）には、信頼口座の考え方が提唱されています。自分と他人とが力を合わせて成功するためには、お互いの信頼関係が必要なのは言うまでもありません。信頼してもらうためには、自分自身が相手に信頼される行動を繰り返すのが必要なのです。もちろん、相手にも、信頼をしたいと思える行動をしてもらわなければ信頼関係は構築できません。

信頼のベースになっているのは約束です。１つひとつの約束を守る行動を積み重ねていけば、相手からの信頼につながります。相手にも同じように約束を守ってもらう行動を積み重ねてもらいます。こうして、約束を守るのが習慣化されるとお互いの信頼関係は強いものになりますね。

仕事の場面では、期限を設定しているものばかりです。長期のプロジェクトにおいては、１つひとつの期限を守って進めていきます。すぐに期限を迎えて終える行動もあれば、少し先の期限が設定されている行動もあります。期限を違えてしまうとプロジェクト全体の進捗に悪影響が出ます。平気で期限を違えるのを繰り返してしまうと、相手には不信感しか残りません。

日本では、口頭の約束でも契約が成り立ちます。民法に拠れば、原則として申込の意思表示と相手方の承諾の意思表示が合致すれば契約は成立します。ただし、言ったのか言わないのかでトラブルになると簡単に解決には至らないので、トラブルを防ぐために契約書などの書面を作成しておくのがビジネス上の慣習になっています。書面がなければ、お互いに正確に言葉を理解できていなかったために、約束をしたのかどうか真偽が定かではない状況に陥ってしまいます。

言葉で簡単に約束をとれてしまうと、あまり深く考えないで約束をするのは恐ろしくなりますね。

重要な案件にかかわる事柄を、周囲の人や会社の上司などに相談せずに進めてしまうと、とんでもないトラブルに巻きこまれます。1つひとつの約束を守る前に、勝手気ままに約束してばかりでは周囲からの信頼を一気に失うきっかけになります。

●1つひとつの約束には誠実に

以前、信販会社で債権管理の仕事をしていたときは、支払の督促を電話でおこない、利用者から支払の約束を取り付けるのを目指していました。電話をかけると、とても明るい声で「はいはーい！わかったよ、明日払っとくね」といって電話を切ってしまう人がいました。その後の行動は何もなく、支払の遅延分はそのまま放置されました。軽々しく約束するのは疑わしいと思った出来事でした。顔もわからない人同士で話をしていたので、その場を切り抜けるための返答さえすれば問題ないと思ったのでしょうか。

約束に大小はありません。人によって約束を区別する必要はありません。誰だって約束は大切なものです。相手の立場に立って考えるために約束を守ろうと行動するのではないでしょうか。損得勘定で約束に優先順位づけをしていませんか？　自己の利益優先で考えると、利益の大きいものから着手したくなる気持ちが生じるかもしれません。ただ、利益ばかりを追い求めて、利益の少ない、むしろ損失が出そうな約束を無視してしまうと、後悔する結果を招きかねません。

万が一、約束を守れそうにないと察知したときは、相手に素直に申し出るようにしてください。

期限よりも早めに申し出をすれば、相手への信頼が著しく低下するまでには至らないでしょう。素直に謝罪すればわかってもらえるはずです。だからといって平気で約束を破り続けないでくださいね。約束を守らないのが当たり前にならないように、今後の対策を十分に考えましょう。

相手によって約束の内容を比較せずに、１つひとつの約束に誠実に対応して、できない約束はしないでください。約束に向き合って真摯に取り組む姿勢が信頼回復のためには欠かせません。長い道のりになるかもしれませんが、１つひとつの約束を守る行動を積み重ねていきましょう。

8　よい習慣を増やす

●悪い習慣は断ち切りましょう

習慣とは、意識しなくても1つの行動を繰り返し実行できるものを指します。行動が習慣になるまでは、１つのプロセスをたどっていきます。

たとえば、書籍を読む、ネットで情報を収集する、研修やセミナーを受けるなどの手段で新しい知識を習得したとしましょう。以前習得したはずの知識を思い出した、という状態でも構いません。どちらの場合も、「気づき」を得た状態です。気づきをもとにして、やったことのない新たな行動を実行します。これは意識的に行動している段階です。やがて、無意識で行動できるようになって、当たり前のように続けられると習慣になります。

習慣はよいものと悪いものがあります。健康のための早寝早起き、毎朝朝食をとる、歯の衛生を保つためにおこなう歯磨き、靴磨き、洗面台に飛び散った水滴を拭くなど、生活全体を振り返るとよい習慣となりうる行為が多くあります。仕事で考えると、挨拶をする、明るい声で返事をする、メモをとる、すぐにメールを返信する、仕事場の周囲を清掃する、改善提案をおこなう、得意先に週1回は訪問するなど、仕事で成果をあげるために欠かせないよい習慣があります。よい習慣を継続していけばよい人格の形成に役立ちます。習慣化した行動を実行している人を見ると、「この人の真似をしよう」と思うかもしれません。よい習慣を実践して、他の人にとって模範的な人物になるのを目指しましょう。

一方、悪い習慣は断ち切る必要があります。人格の破壊につながってしまうような悪習慣です。過度な飲酒や喫煙、夜食の常態化、後先を考えない買い物によるお金の無駄遣い、長時間のスマホゲーム、夜更かし、遅刻などです。薬物の使用など、健康に害になるだけでなく法律に抵触するような行動の習慣化は絶対にＮＧです。悪い習慣は早々に断ち切って、人格の崩壊によって失敗した人生になるのを防ぎましょう。他人からの信頼関係の崩壊は、悪い習慣が影響している可能性もあります。今までの行動を省みて、早々に断ち切ってください。

ただ、悪い習慣は気づいたら、すぐに断ち切れるものばかりとは限りません。なかには、完全に断ち切るまでに長い期間を要するものがあります。たとえば、薬物の依存症は1人の強い意思で断ち切れるとは限りません。覚せい剤使用などの罪を犯して刑期を終えた後に、ダルクと呼ばれる、薬物依存症患者向けの施設に通って、依存症からの回復や治療をおこなう人も多くいます。

自らの意思で断ち切れそうにない習慣は、支援者の力を借りて断ち切りましょう。悪い習慣は、一回の決意や行動だけで断ち切れるものばかりではないですが、あきらめないでください。人によってはすぐに効果が出ないものもあります。断ち切ってやるぞという強い意思をもって臨みましょう。

●よい習慣をつくるためには簡単にできる行動から

よい習慣を身につけるためには、ある行動を繰り返しやってみるところから始まります。ダイエットのための運動を例に考えてみます。かつて、「ダイエットは明日から」という歌が流れるテレビコマーシャルがありました。今日は気がすむまでたくさん食べて、明日からダイエットをする決意を示したものです。明日から、と決めたのであれば、明日から実際にダイエットのための運動を始めます。ただ、明日からすぐに始められる人ばかりとは限りません。たくさんの量を食べた快感が忘れられずに、なかなか始められないのでしょう。

もし始められなかったとしても、自分を責める必要はありません。どこかのタイミングで始められればOKです。始める前の壁を乗り越えてください。最初から難しいことを始めようと思う必要はなく、簡単にできることから始めましょう。運動であれば、1日1時間続けるよりは1日5分で構わないのです。時間の長短に関係なく、続ければいいのです。

まずは1回、始めたときには、自分を思いきり褒めてあげましょう。「よくやった！　えらい！」

などのように、自分の気持ちを鼓舞する褒め言葉をかけるのです。よい習慣をつくるのは自己肯定感を高めるチャンスになります。

仮に毎日やろうと決めて始めた行動が途絶えても、止めてしまわないでまた始めればいいのです。続かなかった事実を責めるのではなく、再び始めたときに自分を褒めてあげましょう。毎日続かなかったからといって罰則を受けるわけではありません。気楽な気持ちで再び始めればいいのです。

一度失った信頼を再び取り戻すチャンスが巡ってきたときには、新しく身につけたよい習慣を相手に紹介してください。自信をもってPRし、再び信頼関係構築のために動き出すきっかけにしましょう。

9　感謝の気持ちを言葉にする

●心をこめた「ありがとう」を伝える

信頼を取り戻すまでの過程で多くの人にお世話になるはずです。出会った人たちへの感謝の気持ちを言葉にして伝えていますか？　感謝の気持ちをもつのは大事ですが、言葉にして相手に伝えるのはもっと大事です。

感謝を示す言葉の代表的なものは、言うまでもなく「ありがとう」です。漢字で書くと「有難う」となります。「ありがとう」の言葉には、有るのが難しいほどに貴重なもの、めったに得られないもの、という意味がこめられています。たしかに、人との出会いや出来事などは、他の何物にも代えがたい貴重なものですよね。貴重なものへの感謝が「ありがとう」の言葉として使われるようになったのです。

「ありがとう」の言葉は、１日のうちに何度も聞くくらいに一般的なものになりました。一般的になりすぎて、発する言葉に気持ちが入っていないように思える「ありがとう」を耳にします。「あざーす」という言葉を耳にしますが、心のこもった感謝を伝える挨拶には聞こえません。毎日使い続けていると、貴重、めったにないといった本来の意味をもつ「ありがとう」とは程遠いものになってしまいます。

感謝の気持ちをこめて伝えるためには、「ありがとう」だけではなくプラスアルファの言葉を付け加えてみましょう。「ほんとうにありがとうございます」「ありがとうございます、うれしいです」「勉強になりました、ありがとうございます」など、ありがとうの気持ちがこもっているから、別の言葉を付け加えられるのです。心のこもった感謝の言葉を伝えましょう。

●当たり前に感謝、過去の自分に感謝

感謝は、言葉以外の物で伝えても効果的です。記念日のプレゼント、お歳暮やお中元などの贈り物など、形のある物で感謝の気持ちを示しても相手は喜んでくれるはずです。記念日は、プレゼントを贈られた相手が忘れているときもあるので、予期せぬ贈り物に驚くかもしれません。嫌な気持

ちにはならないでしょう。

お世話になった人には、主に2つの面で感謝の気持ちを示す必要があります。1つは、当たり前の状態に対しての感謝です。温かい食事をいただける、お風呂に入れる、温かい布団で休める、元気に仕事に出かけられる、売上を計上できるなど、すべて当たり前に存在するものではありません。欠けてしまうと不安になってしまう性質のものばかりです。いつも繰り返される光景であっても、「いつもの光景」に感謝しましょう。

もう1つは、過去に経験した困難への感謝です。私が文章を書けるようになったのは、過去にあった出来事のおかげです。自ら望んで自律神経失調症を患って休職したわけではありません。ただ、症状を患っていなければ、故郷で独立して研修講師の仕事はしていなかったかもしれません。

ハラスメントと隣り合わせの職場で仕事をした経験がありますが、その経験がなければ、ハラスメント防止をテーマにした研修や講演をする機会はなかったでしょう。思い出すだけで嫌な気持ちになる出来事もありましたが、無事に乗り越えてきたから言葉で届けられるものができあがったのだと思います。

信頼を取り戻して新たな未来に向かって進むときは、過去をすべて忘れたいと思うかもしれません。しかし、過去に嫌な経験をして乗り越えてきたから今の自分自身があるのを忘れてはいけません。過去に感謝するほどの気持ちをもって、新しい未来を切り拓いてください。「私の過去にありがとう」と言えるようになれますよ。周囲の人たちへの感謝は言葉にして示し続けてくださいね。

あとがき

今、本当に辛くて大変で……考えるのを放棄したい、どこかに逃げ出してしまいたい、生きることすらもうダメかもしれない。そう思っている人たちに伝えたいです。希望を捨てなければ大丈夫。根拠はないけど大丈夫です。あなたを笑顔で出迎えてくれる居場所はあります。３６０度周りを見渡してみてください。誰かがニッコリ笑っていませんか？　辛い、苦しいときは、笑顔をキャッチするアンテナが故障してしまい、笑っている人を見過ごしてしまっている可能性があります。赤ちゃんの笑顔、幼い子の笑顔、大人の笑顔。そしてあなたも笑顔になりますね。笑顔になって幸せな気持ちを味わってください。

ところで、幸せって何でしょうか？　幸せといっても、どう表現していいかわからないときがあります。ものすごくうれしい状態ばかりではないですよね。湯船につかって「ああ、幸せだなぁ～」としんみりつぶやいている瞬間を思い出すと、毎日平穏無事にお風呂に入れているのが幸せなのかなって思います。

私の会社は、コロナ禍で現金が枯渇しかけてしまい、倒産を覚悟したときがありました。何もする気力を失って一日中横になっていたときもありました。涙を流して悔しがったときもありました。そんな状況であっても、乗り越えられたのは、私にとって心地よい居場所があったからです。お風呂に入れる居場所があったからです。ほかにも、家族とともに過ごす場所、同じ志をもって学ぶ仲間のいる場所、お互いの存在を認めあう仲間のいる場所、地域をよくするために活動する人たちがいる場所などです。1つの居場所で辛くなってしまっても、他の居場所にいる人たちが笑顔で出迎えてくれました。生きていてよかったと心から思いますし、幸せであるのを実感します。

50個のヒントは、私が幸せな人生を送るために考えて取り組んだものの結晶です。人生をあきらめずに前進し続けてきたから得られたものです。あくまでも私からの処方箋ですので、51個め以降は、皆さんで探して見つけてください。新しいヒントを見つけたときには隠さないで堂々と教えてほしいです。幸せな生き方を実践する仲間として、共有してください。

中学校の卒業アルバムに私が残した言葉があります。「意志あるところに道は開ける」。当時の私は、おそらく深く考えずに書きました。今考えると、未来は幸せな人生を送りたい意志があったから書いたのかもしれません。当時から可能性にあふれた人生の途中にいると感じていたのでしょう。過去の自分自身に心から感謝の言葉を伝えたいですね。32年前の私、ほんとうにありがとう。

私にとって今回の本は大きな挑戦でした。居場所が見えていない人たちのために届ける言葉とは何か？　時には霧の中でもがくような気持ちでまとめました。私の人生を振り返って手に入れたものをお届けするとともに、助けてもらった人たちへの感謝の気持ちもたくさん詰めこみました。出会ってくださったすべての方々に心から感謝いたします。

そして、幸せな人生を志向するきっかけをいただいた、一般社団法人日本褒め言葉カード協会代表理事の藤咲徳朗先生。一緒に学ぶ仲間の皆さん。先生たちとの出会いがなければ、居場所を見失った寂しい人生を突き進んでいたと思います。心から感謝を申し上げます。仲間の皆さんからの「まっすう、がんばって！　楽しみにしている！」の言葉も大きな励みになりました。ありがとうございます。

同じ静岡県で活動する経営者の方々やビジネスパートナーの方々、会社員の頃からの出会いを大切にしてくださっている方々。すべての方々との出会いのおかげで、私は自分で居場所を見つけて力を発揮して幸せを実感できています。ありがとうございます。

そして、私を育ててくれた父と母。２人の愛情があったから今の私があります。この場を借りて感謝の言葉を伝えます。ありがとうございます。

同じ屋根の下で幼少期から一緒に暮らし、今は同じ人材育成の仕事で活躍している弟には、精神的にきつかった時期に助けてもらいました。ありがとう。

最後に、いつも近くにいて、笑顔で優しく見守ってくれている妻の増田琴絵さん。あなたがいつも言ってくれる「あなたなら大丈夫、あなたは突破力がある」の言葉にいつも励まされて、ピンチを乗り越えてきました。ほんとうにありがとうございます。これからも幸せを実感できる人生を共に歩んでいきましょう。可能性のある未来を信じて。

増田　和芳

著者略歴

増田　和芳（ますだ　かずよし）

合同会社富士みらいクリエイション代表。人材育成コンサルタント。国家資格キャリアコンサルタント。産業カウンセラー。

教育研修サービス会社在籍時にはトップセールスとして実績を残し、入社５年で管理職に昇格。管理職昇格後直後は部下の育成で成果を出すも、職場の人間関係で悩むことが増え、40代を前にして自律神経失調症で休職してしまう。休職中、自分の置かれた状況を素直に伝えることでコンサルティング会社への転職を果たす。独立後、コロナ禍による資金難に陥ったものの、人材育成やキャリアコンサルティングに関わる仕事を地道に継続し、廃業の危機を乗り越える。
現在は、さまざまな危機を乗り越えてきた経験をベースに、ビジネススキル向上を目的とした企業研修講師として活躍。延べ800回以上の企業研修に登壇し、計9800名以上のビジネスパーソンに仕事で成果を出す方法を伝えてきた。大切にしている言葉は「可能性を信じる」。

自分の居場所を見つける50のヒント
～仕事に行き詰まったとき、自分の人生に悩んでいるときの処方箋

2023年８月24日　初版発行

著　者　増田　和芳　
発行人　森　　忠順
発行所　株式会社 セルバ出版
〒113-0034
東京都文京区湯島１丁目12番６号 高関ビル５B
☎ 03（5812）1178　FAX 03（5812）1188
https://seluba.co.jp/
発　売　株式会社 三省堂書店／創英社
〒101-0051
東京都千代田区神田神保町１丁目１番地
☎ 03（3291）2295　FAX 03（3292）7687

印刷・製本　株式会社 丸井工文社

ISBN978-4-86367-839-2